DVD付き

どんなに泣いている子でも 3秒で泣き止み 3分で寝る まあるい抱っこ

辻 直美 正看護師 育母道代表
狩野正嗣 小児科医 監修

はじめに

「まぁるい抱っこ®」で
ママもベビーもハッピーに

ベビーは自分にとって何より大切な存在。
できることはなんでもしてあげたい。
そんな風に思ってしまうのがママです。
だから、泣いたらずーっと抱っこ、ずーっとおっぱい。
掃除、洗濯、料理などの家事もあるし、仕事を持っているママもいる。
ベビーの要求はエンドレスなのに、やらなきゃいけないことがたくさん……。
そんなとき、こう感じてしまうことはありませんか?
「ずっと抱っこしているのがつらい」「抱っこをしても泣きやんでくれない」……。

抱っこは、本来苦しいものでも、つらいものでもありません。
「抱く」という字は、手で包むと書きますよね。「包む」という字はもともとお腹の中に赤ちゃんがいる状態を表しているのです。抱っこは命と命との大切なコミュニケーション。特にママとベビーの抱っこは、ママが愛するベビーをやさしく包み、ベビーが身も心もママにゆだねるものです。

お互いの体と心が寄り添って、ママもベビーも幸せな気持ちになれる。それが私の提唱する「まぁるい抱っこ」です。本書は『どんなに泣いている子でも 3秒で泣き止み3分で寝る まぁるい抱っこ』というタイトルですが、ベビーを泣き止ませたり、寝かしつけることをお伝えするための本ではありません。「まぁるい抱っこ」をすると、それまで泣いていたベビーが自然に泣き止みます。ぐずっていたベビーも笑顔になります。

私は「まぁるい抱っこ」を通して抱き方のテクニックだけをお伝えしているのではなく、ベビーと向き合う姿勢の重要性を最初に知っていただきたいと思っています。

ベビーを抱っこできる期間は、あなたが想像しているよりずっと短いです。抱っこは期間限定のママの特権。楽しまない手はありませんよね。つらい抱っことはさよならして、「泣くから（しかたなく）抱っこ」「ぐずるから（疲れるけれど）抱っこ」という考えは捨ててしまいましょう。

みなさんにはぜひ、大切なベビーを「育《はぐく》む」ことができる存在であってほしいのです。

「育てる」と「育む」は、同じ漢字を使いますが、意味が違います。

「育てる」というのは、水や食べ物をあげ、必要な世話をして物理的な成長を促すこと。

対して「育む」というのは、心を砕いて相手に寄り添い、愛情をかけながら、信頼関係を築きながら、成長させていくことです。「わが子を育む」ためには、常に子の気持ちを考えながら、親としてさまざまな判断をしていくことが大切になってきます。

目の前にいるベビーを産むと決めたのは、他でもないあなた。

ベビーと「人と人」として向き合い、「まぁるい抱っこ」で育児を楽しんでいただけたら幸いです。

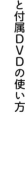

「まぁるい抱っこ」で健やかな子育てをしよう！

「まぁるい抱っこ」で心に余裕のある子育てを楽しもう

かりの小児科 院長
狩野正嗣

私たち日本人（黄色人種）の股関節は、もともと脱臼しやすい構造をしています。特に乳幼児は股関節を脱臼しやすいのですが、これを防ぐためには股関節を開排《かいはい》しておくことがとても大切なのです。開排とは、股関節と膝関節を曲げて脚を外側に開くこと。わかりやすくいえば、M字開脚にするということです。「まぁるい抱っこ」は股関節を開排位に保つことができるので、股関節脱臼の予防に有効だと考えられます。また、乳児の脊椎《せきつい》は全体に後彎《こうわん》しているため、背中を丸めた姿勢が自然。「まぁるい抱っこ」や「まぁるい寝床」なら、乳児は自然な姿勢で過ごすことができます。

核家族化が進む現代、ひとりで子育てをする母親が増えています。そして世の中にあふれる不確かな情報を消化しきれず、たくさんの母親が子育ての方針に迷っています。本来子育ては、「〇〇しなければいけない」ではなく、「〇〇したほうがいいかもしれないが、しなくてもかまわない」くらいの余裕を持つことが大切だと、私は考えています。

「まぁるい抱っこ」は親子のコミュニケーション技術としても優れています。私自身も、この技術が子どもたちとの親密な関係を築くのに大きな助けになったと感じています。この本を読んだお母さん（&お父さん）、どうか「まぁるい抱っこ」で健康かつ心に余裕を持った楽しい育児を満喫してください。

かりの・まさつぐ
愛媛大学医学部を卒業後、京都大学医学部附属病院小児科に入局。その後、市立舞鶴市民病院、公立甲賀病院、独立行政法人国立病院機構姫路医療センターの勤務を経て開業。

乳幼児期こそ、
わが子としっかり向き合って

医療法人社団新愛会 東府中病院
産科・婦人科医師 服部加苗

乳児の股関節脱臼を防ぐために、本書で紹介している「まぁるい抱っこ」は理にかなったものです。でも、子育てに絶対的な正解はありません。ですから、「まぁるい抱っこ」を「こうするべき」というスキルととらえず、ベビーとの大切なコミュニケーションの基本になるものだと考えてほしいと思います。

乳幼児期にしっかりわが子と向き合うことが、5年後、10年後の親子関係につながっていくと私は考えています。「まぁるい抱っこ」を通じてベビーとしっかり向き合い、愛情をもって観察することで、ベビーの伝えたいことをたくさん感じてくださいね。

はっとり・かなえ
大阪市立大学大学院医学研究科を修了。聖路加国際病院、新千里病院（現済生会千里病院）、八尾徳洲会病院、住友病院、大阪市立十三市民病院を経て現職。

全国で
「まぁるい抱っこ」の
輪が広がっています！

本書と付属DVDの使い方

「まぁるい抱っこ」を映像で解説しています。

DVDメニュー画面

ALL PLAY
抱っこをする前に
正しい姿勢を身につける
さらしで姿勢を整える
ベビーが心地よい抱っこをしよう
基本編 まぁるい抱っこのポイント
実践編 まぁるい抱っこ①横抱き
まぁるい抱っこ②縦抱き
まぁるい抱っこ③前抱き
まぁるい抱っこ④腰椅子抱き
まぁるい抱っこ⑤座り抱き
まぁるい抱っこ⑥パパの抱っこ
まぁるい抱っこ⑦大きい子どもの抱っこ
まぁるい抱っこ⑧２人を抱っこ
どんなに泣いている子でも
3秒で泣き止み3分で寝る
まぁるい抱っこ
メインメニュー1
抱っこレッスン
ALL PLAY
※Let's try!は含まれません
次へ

このDVDに収録しているすべての映像を通して再生します。最初にご覧になるときは「ALL PLAY」を選んで、全映像をいったん通して再生することをおすすめします。

メインメニュー2へ移動します。

「抱っこレッスン ALL PLAY」では、抱っこのレッスンだけを、8種類通しでご覧いただけます。

本書

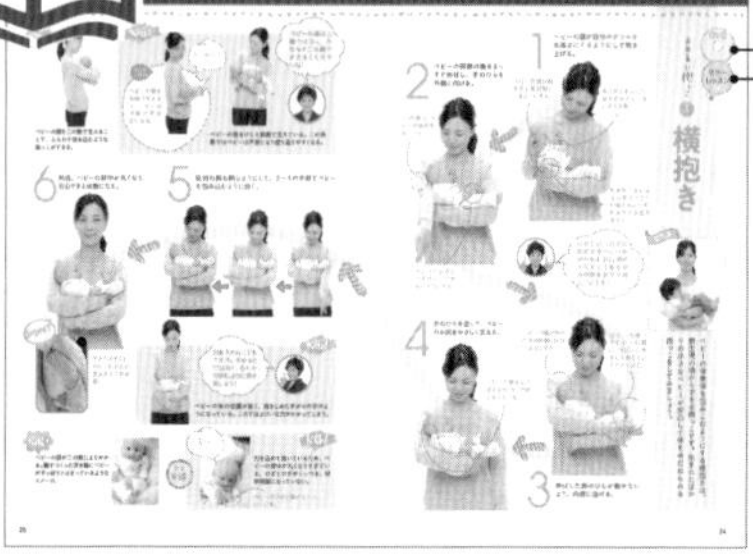

横抱き

DVDに対応するページには、DVDマークがあります。

利き手を考えた動きがあります。このマークがついているものは、右手が利き手の人のためのミラーレッスンになっています。

「まぁるい抱っこ」を写真で解説しています。

必ずお読みください

ベビーの安全を十分に確認のうえ、行ってください。
映像・画像と実際の動きは、一部を除いて鏡のように左右が逆になっています。画面・紙面を見たまま行えるように、右の動きは向かって右、左の動きは向かって左になるように撮影しています。

DVD-Videoについての注意事項

- DVDは赤いリボンから開封して取り出してください。台紙ごと取り外さないでください。
- DVD-Videoとは、映像と音声を高密度に記録したディスクです。DVD-Video対応プレーヤーで再生してください。DVDドライブ付きパソコンやゲーム機などの一部の機種で、再生できない場合があります。
- 再生上の詳しい取り扱いには、ご使用になるプレーヤーの取扱説明書をご覧ください。
- このディスクは特定の国や地域でのみ再生できるように作製されています。したがって、販売対象として表示されている国や地域以外で使用することはできません。各種機能についての操作方法は、お手持ちのプレーヤーの取扱説明書をご覧ください。
- このタイトルは、16：9の画面サイズで収録されています。ご覧いただくテレビの画面比率によっては、上下または左右に黒いオビが入ります。
- このディスクは家庭内での鑑賞のみにご使用ください。このディスクに収録されているものの一部でも無断で複製（異なるテレビジョン方式を含む）・改変・転売・転貸・上映・放送（有線・無線）することは厳に禁止されており、違反した場合、民事上の制裁および刑事罰の対象となることもあります。
- このディスクはコピー防止の処理がされています。プレーヤーからビデオデッキなどを経由してテレビに接続すると、コピーガード信号の影響で画像が乱れることがありますので、DVDプレーヤーの映像出力から直接テレビに接続してください。パソコンやゲーム機などでの動作保証はしておりません。あらかじめご了承ください。

約93min	片面・一層	複製不能	16:9 LB	ステレオ	2 NTSC	DVD VIDEO
COLOR	MPEG 2	レンタル禁止				

取り扱い上の注意

- ディスクは両面とも、指紋、汚れ、傷などをつけないように取り扱ってください。また、ディスクに対して大きな負荷がかかると微小な反りが生じ、データの読み取りに支障をきたす場合もありますのでご注意ください。
- ディスクが汚れたときは、メガネふきのような柔らかい布を軽く水で湿らせ、内側から外側に向かって放射状に軽くふき取ってください。レコード用クリーナーや溶剤などは使用しないでください。
- ディスクは両面とも、鉛筆、ボールペン、油性ペンなどで文字や絵を書いたり、シールなどを貼付しないでください。
- ひび割れや変形、または接着剤などで補修されたディスクは、危険ですから絶対に使用しないでください。また、静電気防止剤やスプレーなどの使用は、ひび割れの原因となることがあります。

保管上の注意

- 使用後は、必ずプレーヤーから取り出し、付属のシートに収めて、直射日光の当たる場所や自動車の中など高温多湿の場所は避けて保管してください。
- 火気に近づけたり、熱源のそばには放置しないでください。

視聴上の注意

- 明るい場所で、なるべくテレビ画面より離れてご覧ください。長時間続けての視聴は避け、適度に休憩をとってください。

chapter 1

抱っこで ママもベビーも変わる！

「まぁるい抱っこ」をはじめる前に、
ベビーの発達や安全な姿勢など
基本的な知識を知っておきましょう。

「まぁるい抱っこ®」をはじめよう

「まぁるい抱っこ」とは、いったいどんなものでしょう。くわしい手順やコツは2章でお伝えしますが、まずは「ベビーの心と体を理解する」「ベビーの心地よさを最優先に考える」ことが何より大切です。

「まぁるい抱っこ」とは……

抱っこの主役はベビーです。「まぁるい抱っこ」はベビーが心地よく、安心できる姿勢で抱っこすること。

ベビーが「この人に自分の命をあずけよう」と感じ、ママが「この子の命をやさしく包み込もう」という気持ちになれる抱っこです。

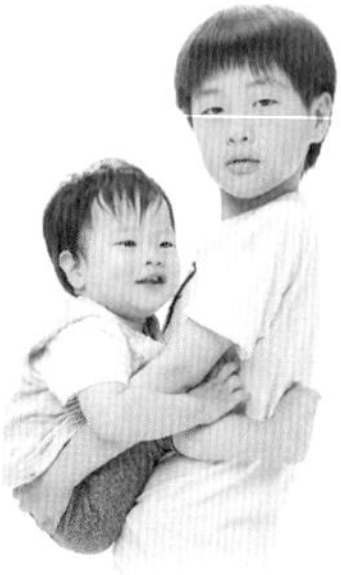

ベビーがピタリと泣き止む

「まぁるい抱っこ」をすると、それまでギャンギャン泣いていたベビーがピタリと泣き止みます。ときにはすやすやと寝はじめてしまうことも。

なかなか泣き止まないベビーに悩んでいたママも、もっとベビーとのコミュニケーションを楽しめるようになります。

ベビーが自分で丸くなる

「まぁるい抱っこ」は「ベビーを丸くする」抱っこではありません。「ベビーが自分から丸くなる」抱っこです。ベビーは自分がどうすれば心地よいかを知っています。安心できる姿勢になれば、自然と体が丸くなる。だから私たちは、そのお手伝いをするだけなのです。

ベビーと心の会話をしよう！

言葉を使うことができなくても、表情、泣き方、顔色、肌色などで、ベビーはいろいろなことをママに伝えようとしています。たとえば、緊張しているとベビーの体は硬くなり、リラックスしているとやわらかくなります。泣き声だって1つではありませんよね。もっとベビーを観察して、心の声に応えましょう。

ベビーが泣くことを恐れないで

ベビーには、遠慮や見栄、気配り、社交辞令といった大人のお約束がいっさい通じません。

だから、ママを困らせようと思って泣くわけではないのです。ママのことが大好きだけれど、そこまで気をつかえないのです。

なんとなく居心地が悪い、お腹がすいた、体調がすぐれない、おむつが濡れて不快だ、なんだか寂しい……。こういったことを伝えようとして、一生懸命泣いています。

だから、泣くことを恐れないで。それよりも、「ベビーを理解しようとする姿勢」が大切です。

テクニックよりハートが大事！

抱っこは技術よりも、「ベビーを愛情で包み込む」という心が大切です。「まぁるい抱っこ」とは、ただ「抱っこ」するだけではありません。ベビーを見つめる、見守る、やさしく肌に触れる、頬を寄せる、手をつなぐ……。これらもすべて「まぁるい抱っこ」。「まぁるい抱っこ」は、ベビーを心でしっかり受け止めることです。

ベビーとママは「肌で会話する」ことができるんです。たくさんの「まぁるい抱っこ」で絆を深めてくださいね。

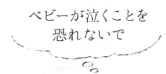

ベビーの発育の流れを知ろう

ベビーは毎日少しずつ、確実に成長しています。ベビーの発達過程のおおまかな流れを把握し、わが子がいまどこの段階にいるかを知っておきましょう。大切なのは「あせらないこと」「くらべないこと」です。

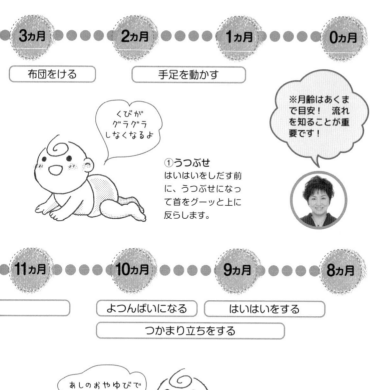

0カ月 ― 1カ月 ― 2カ月 ― 3カ月

手足を動かす

布団をける

※月齢はあくまで目安！　流れを知ることが重要です！

くびが
グラグラ
しなくなるよ

①うつぶせ
はいはいをしだす前に、うつぶせになって首をグーッと上に反らします。

8カ月 ― 9カ月 ― 10カ月 ― 11カ月

はいはいをする

よつんばいになる

つかまり立ちをする

あしのおやゆびで
すすむよ

③はいはい
ベビーの行動範囲が広がり、活発に動くようになります。

ベビーの成長はそれぞれ

育児でいっぱいいっぱいになっているママは、目の前のことばかりに目がいきがち。月齢・年齢で考えるよりも「わが子がいまどの段階にいるのか」ということを把握することが大切です。「6カ月だからこれができなくちゃ」ではなく、「いまこれができているから、次はあれができるかな」と考えましょう。

上図は1歳半までの発達の目安。このように、発達には段階があります。たとえば、寝ているときに横向きになることができたからこそ、次の段階の寝返りが打てるようになります。うつぶせのとき両腕で体をささえることができ、おすわりができたからこそ、はいは

4ヵ月 — 首がすわる / おもちゃなどをつかもうとする

5ヵ月 — 様子をみながら離乳食をはじめる / 寝ているときに横向きになる

6ヵ月 — うつぶせのとき両腕で上体をささえる / 寝返りを打つ

7ヵ月 — おすわりができる

はいはいできるのも
そろそろかも

②おすわり
おすわりのほうがはいはいより先にできるようになることもあります。

1歳 — つたい歩きをする

1歳2ヵ月 — 大人と手をつないで歩く

1歳4ヵ月

1歳6ヵ月 — ひとりで歩く

もう
あるけるよ

④歩く
立って歩けるようになり、歩行が安定するため転ばなくなります。

ベビーの背骨の形成

ベビーの背骨は発達とともに徐々につくられます。

①うつぶせをする
頸椎《けいつい》の前彎《ぜんわん》がつくられる。

②おすわりをする
胸椎《きょうつい》の後彎がつくられる。

③はいはいをする
頸椎の前彎が完成、腰椎《ようつい》の前彎ができはじめる。

④歩く
腰椎の前彎が完成に近づく。

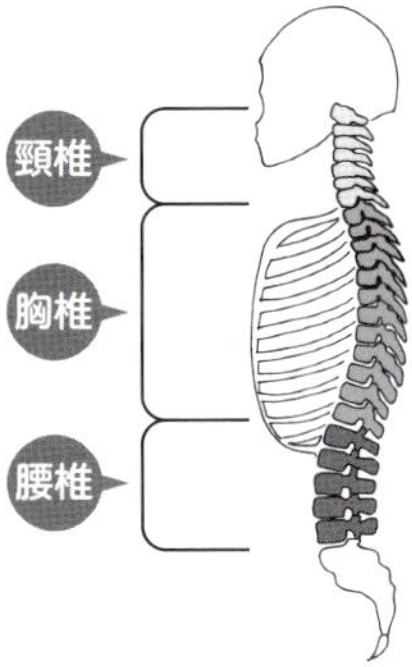
頸椎
胸椎
腰椎

ベビーの発達過程にはどれも大切な意味があります。必要な骨格が形成できていないのにあせって無理に歩かせようとすると、無理が出て骨格に異常をきたすことも……。あせらず待つことも大切です。

いをするようになります。首がすわったばかりの子が、いきなりはいはいをすることはありません。

ベビーの成長のスピードはみんな一緒ではありません。ときには止まったように感じたり、戻ったり、急に進んだり……。「3歩進んで2歩下がる」くらいの気持ちでかまえましょう。

ベビーがいちばん心地よい姿勢はWM型

ベビーを抱っこしたり、お世話をしたりするときは、常にベビーが心地よく、安全な姿勢であることを心がけましょう。脚がM字開脚になっていること、背中が「も」の字を描いていることがポイントです。

ベビーが心地よく、安全なのはWM型

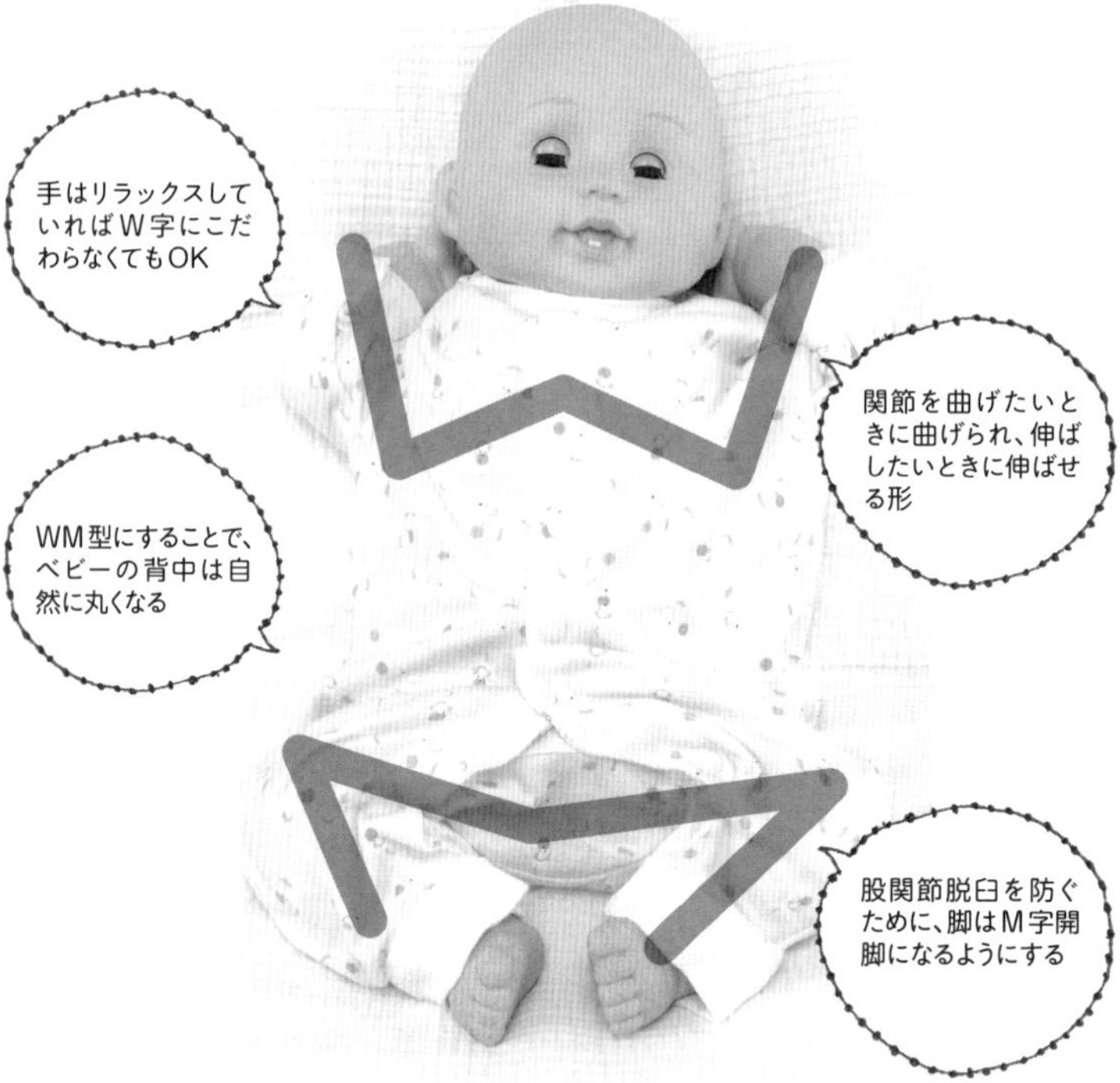

手はリラックスしていればW字にこだわらなくてもOK
関節を曲げたいときに曲げられ、伸ばしたいときに伸ばせる形
WM型にすることで、ベビーの背中は自然に丸くなる
股関節脱臼を防ぐために、脚はM字開脚になるようにする

ベビーが自然でのびのびできるのは、手はW字、股と脚はM字のWM型。特に脚を「M字開脚」にすることが大切です。ベビーの脚を無理に引っぱったり、伸ばしたり、締めつけたりすると、股関節脱臼の大きな原因になります。特に生後1年間は、股関節に負担がかからないM字開脚を心がけましょう。

ベビーの脚はM字開脚に

ベビーの姿勢は、成長とともに変化していきます。

ママのお腹の中にいる胎児は、背中を丸めたC字カーブになっています。生まれてきたベビーの背骨は、ひらがなの「も」の字を描くようになり、歩きはじめから学童期にかけて、徐々に大人と同じようなS字カーブができはじめます。

脚も乳児期はO脚、幼児期にX脚になり、学童期にかけてまっすぐになっていきます。

このように、成長には段階があり、いきなり背骨がS字になったり、脚がまっすぐになるわけでは

M字開脚で股関節脱臼を防ぐ

M字開脚とは、ひざを曲げ、股を開いた姿勢です。
抱っこ・睡眠・おむつ替え・授乳・着替え……、
あらゆる場面で、M字開脚になるよう心がけましょう。
股関節脱臼の予防になります。

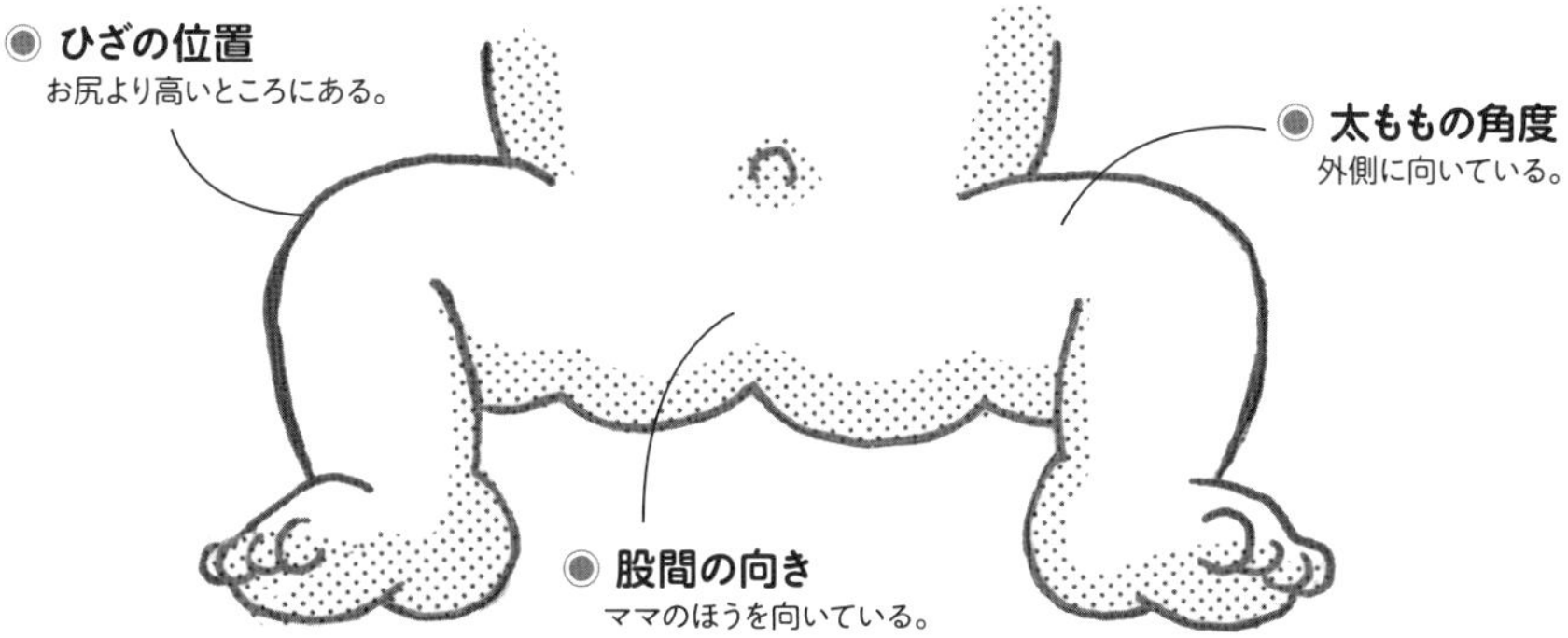
ひざの位置
お尻より高いところにある。
太ももの角度
外側に向いている。
股間の向き
ママのほうを向いている。

ベビーが安全で、心地よい姿勢を保つために「まぁるい抱っこ」をしましょう！

股関節脱臼って？

太もものつけ根にある股関節がはずれてしまう病気。乳幼児期の姿勢が原因で発症することが多い。
(16ページ参照)

ありません。成長過程で無理な姿勢をとってしまうと、骨盤まわりや背骨の歪みにつながります。

ベビーにとって安全で心地よいのは、「WM」の姿勢です。この姿勢を基準にして、抱っこや授乳・おむつ替えなどのお世話をすることがとても大切です。とくにポイントなのが脚がM字開脚になっていること。ベビーの脚をまっすぐにしようとすると、股関節脱臼を起こしやすくなるので気をつけましょう。

間違った姿勢で抱っこやお世話をすると、危険です。ベビーは股関節がはずれそうな違和感、不安を感じて泣き出したり、体を反らせます。

乳幼児期は、骨、筋肉、脳をはじめ、さまざまな機能がぐんぐん成長していく大切な時期です。背骨を丸くしてM字開脚を保つ「まぁるい抱っこ」なら、ベビーの成長をさまたげません。

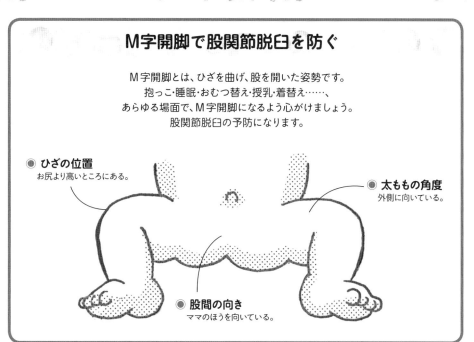

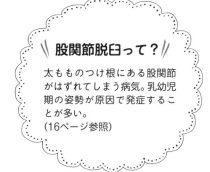

まあるい
column 1

ベビーの「股関節脱臼」に気をつけて

股関節の骨がはずれてしまっている状態を「股関節脱臼」、はずれかけていたり、ずれてしっかりはまっていない状態を「股関節亜脱臼」、股関節の発育が悪い（臼蓋《きゅうがい》の形成が不十分）状態を「股関節臼蓋形成不全」といいます。股関節脱臼には先天性と後天性がありますが、ほとんどが後天的なもの。私たちアジア人は、欧米人にくらべて股関節を包む臼蓋がもともと浅くできているため、股関節脱臼になりやすいのです。乳・幼児期に原因があって発症することが多く、男児より女児に多く見られます。次のような症状が見られる場合、股関節脱臼の疑いがあります。

●両ひざの高さが違う（脱臼している脚のひざが低くなる）
●脚の長さが違う（脱臼している脚が短くなる）
●脚を開きにくい。または開くときにコキッと鳴る感触がある
●太もものしわが左右非対称
●歩きはじめが遅い。または脚を引きずるようにして歩く

早期発見が大事。
おむつ替えのとき
などに、ベビーを
よく観察してみて。

痛みがないため、気づかないままで大きくなってしまうケースも少なくありません。その場合は次のような症状があらわれます。

●股関節の動きが悪くなる
●歩きにくい
●脚の長さが違う
●坐骨神経痛
●股関節に痛みが出る
●しゃがめない
●腰痛症や椎間板《ついかんばん》ヘルニア
●変形性股関節症

股関節脱臼は、乳幼児健診などでの早期発見が肝心。「もしかして」と思ったら、すぐに小児科または整形外科を受診しましょう。

chapter 2

ベビーが心地よい抱っこをしよう

実際に「まぁるい抱っこ」をやってみましょう。
ポイントや基本動作をおさえてから
いろいろな抱っこにチャレンジします。

DVD	DVDでも解説しています	SIDE VIEW	横から見た角度です
ミラーレッスン	写真を見たままの向きで動作できます	BACK VIEW	後ろから見た角度です
ママ目線	ママから見た角度です	お手本	抱っこの完成形です

抱っこをする前に

正しい姿勢を身につける

DVD

まぁるい抱っこの基本は、ママの正しい姿勢。体幹を意識して、姿勢を整えることからはじめましょう。姿勢がよくなると、抱っこが楽ちん。ベビーも安心して体をあずけられます。

正しい姿勢で立ってみよう

足裏の真ん中に体重を乗せるイメージで、真っすぐ立つ。

SIDE VIEW

ママがきちんと立てているかどうかが、ベビーの安心・安全につながるんです！

骨盤を立てるようにして立ちましょう！

耳、肩、ひじ、大転子（太もものつけ根の骨が出ているところ）、ひざ、くるぶしが一直線になるように。

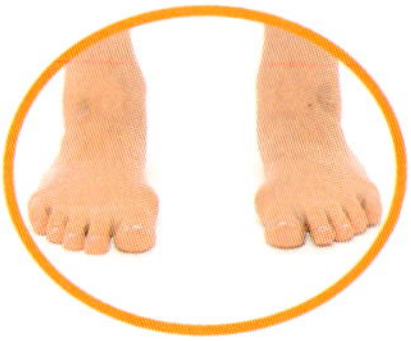

足の親指から小指までがしっかり地面についていると、足裏全体で体重をしっかりささえることができる。

NG!

自分が立っている姿を写真に撮って確認してみましょう！

反り腰になっている。腰痛や下半身太りの原因にもなる。

SIDE VIEW

NG!

抱っこがうまくいかない原因のひとつが、実はママの姿勢なんです。

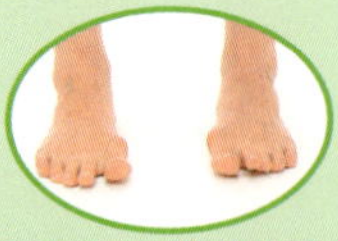

重心がかかと寄りになると、足指が浮き、体が不安定に。O脚や腰痛の原因にもなる。

猫背になっている。肩こりや疲労の原因にもなる。

さらしで姿勢を整える

骨盤が正しい位置にないと姿勢が悪くなる原因になります。特に産後はその傾向が顕著に見られます。骨盤が前に倒れていると前のめり姿勢や猫背、後ろに倒れていると反り腰の原因に。さらしを使って正しい姿勢を体で覚えましょう。

さらしって？

下着や妊婦の腹帯として昔から使われている長い綿の布。幅30㎝、長さ2〜10m程度。ここでは長さ2mくらいのものが使いやすい。

きちんと立てているか自信がない人は、さらしを使って確認してみて。

1 さらしを写真のように持ち、正面を見て肩幅くらいに足を開いて立つ。

2 体の前ではさらしの中心を恥骨にあて、側面は大転子(太もものつけ根の骨が出ているところ)にあてる。後ろはお尻の下で交差させる。

3 前を見て、息を吸いながらさらしを横に引いて締め、気持ちがいいと感じられるところで止める。

4 大転子に引っかけるように、さらしを前斜め下にぐっと引く。このとき足の親指に体重がかかるようにする。

5 前後、左右に腰を揺らしながら足裏全体に体重をかけるようにし、気持ちがいい姿勢を探す。

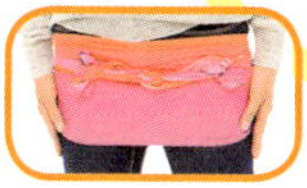

6 場所が決まったら両端を前で一度結び、ねじって端を折り込んで留める。これで下半身が整う。

7 次に肩と頭の位置を調整する。まずはバンザイをして、手のひらを外側に向ける。

8 肩甲骨を動かし、背面で両ひじを近づけるようなイメージでゆっくりと腕を回す。何度か回すうちに、胸郭が開いていく。

9 首を前後、左右にゆっくり倒す。次にゆっくり回す。反対回りにも回し、頭の位置を整える。

10 姿勢が整った。さらしを巻いたまま抱っこや家事もOK。一回につき30分、一日3回が目安。

基本編1 まぁるい抱っこのポイント

まぁるい抱っこをするために、おさえておきたいポイントが4つあります。ベビーが安心してママに体をあずけられるよう、常にこの4つを意識するようにしましょう。

ベビーの頭の位置は「デコルテ」に

「自分の体の軸とベビーの体の軸を合わせる」ことがポイント。3歳児くらいまで、胴体はママの鎖骨からおへそあたりまでに収まる大きさなので、頭の高さをデコルテあたりにすることで、ベビーの体をしっかり受け止めることができるんです。

利き手でベビーのうなじから背中をやさしくささえる。押さえつけないように注意。

ベビーの頭がこのあたりに収まるようにする。

反対側の手でベビーのお尻をやさしくささえる。

ベビーの頭の高さは常に自分のデコルテ（首から胸元のあたり）に。0歳児なら頭頂部が鎖骨の高さにくるくらいが目安。

NG!

ひざが下がり、脚がだらりと伸びている。

ベビーの脚が「M字開脚」になる

M字開脚はベビーが自然にリラックスして安心できる姿勢なんです。

ひざがお尻より上にきている。

ベビーの足指が外を向いているのがポイント。

ベビーの脚はかならずM字開脚になるようにする。ひざがお尻よりも上にきていることを確認。

ベビーのお尻は「ゆるやかなV字」になる

NG!

ベビーのお尻がカーブを描かずにまっすぐになっている。ベビーの脚がM字開脚にならず、体幹も不安定になってしまう。

ベビーが気持ちいいときは、お尻が「ふにゅ」っとやわらかくなるんですよ。逆に緊張していると固くなってしまいます。

ベビーのお尻からひざにかけてのラインが、ゆるやかなV字を描いている。

ベビーの体が「も」の字を描く

NG!

ベビーの体がまっすぐになっているため、安心してママに体をあずけられない。ママもベビーを重く感じる。

ベビーはママに全身をあずけています。このとき、ママのほうが反らないよう気をつけましょう。

密着度が高く、ママもベビーも気持ちいい姿勢。

横から見たとき、ベビーの頭からひざまでがひらがなの「も」の字のようになっている。ベビーの首は反らず、ママのデコルテにぴったりついている。

DVD ミラーレッスン

基本編 2

まぁるい抱っこの基本動作

前ページで4つのポイントをおさえたら、今度はまぁるい抱っこの基本の動作「ベビーを包む」「M字開脚にする」を体で覚えましょう。慣れてしまえば簡単にできるようになります。

基本の動作 ❶ ベビーを包む

ベビーが安心してママに体をあずけられるように、持ち上げるのではなく、包み込みましょう。

1

利き手と逆の腕をまっすぐ前に伸ばし、ひじが内側にくるよう手のひらを外側に向ける。

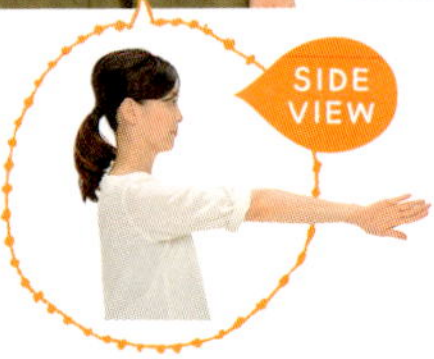

2

手首の向きはそのままでひじを曲げる。

ひじが外側に逃げないよう注意する。

基本の動作 ❷ M字開脚にする

M字開脚は赤ちゃんが楽ちんで安全な姿勢。抱っこのときは常にM字開脚になるようにします。

1

ベビーの太ももの裏側を自分のお腹に、ひざの裏を自分の脇腹にくっつけるイメージで脚をななめ上に。

太ももから足先に向かって、やさしく外側へとねじるようにななめ上に持っていく。

ベビーをM字開脚の姿勢にするには、太ももを上げるだけでなく、外側にねじるようにするのがポイント！

3

そのまま手のひらを内側に向ける。

4

反対の利き手側も同じように、手のひらを外側に向け、二の腕でベビーをささえてひじを曲げ、手のひらを内側に返す。

手のひらを返す動作は古武術の動きをヒントにしたもの。よけいな力をかけずに、ふんわり包み込むような抱っこができますよ！

5

ベビーを包むような抱っこが完成。

ひじが外に逃げやすい人は、「手の甲を反対のひじにあてる」というイメージで行いましょう！

2

反対側も太ももから足先に向かって、やさしく外側へねじるようにななめ上に持っていく。

ベビーの股間が下ではなく、自分に向いていることを確認！

3

ベビーの太ももをひじの内側でささえる。手のひらは軽くあてるだけ。

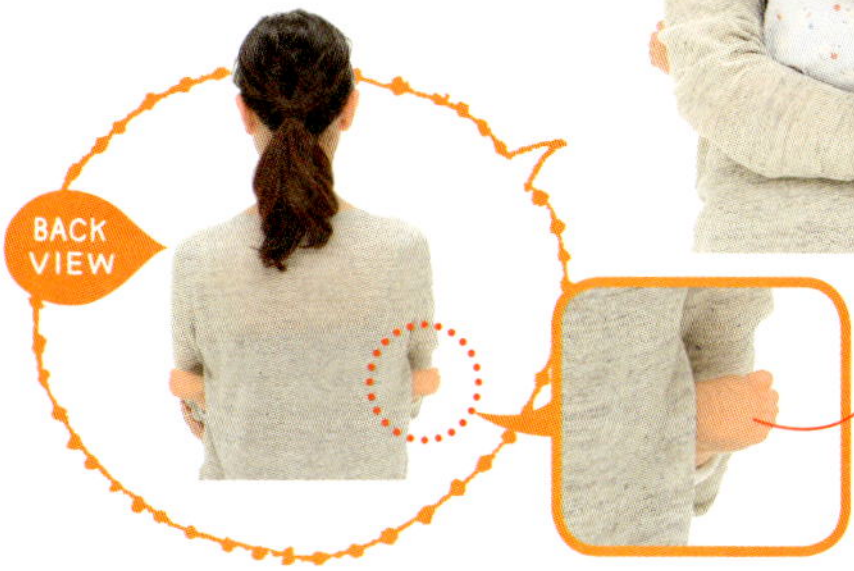

ベビーの足指が外・上向きになっているのがポイント。

DVD

ミラーレッスン

まあるい抱っこ ①

横抱き

ベビーの体全体を包み込むようにする横抱きは、新生児の頃からできる抱っこです。生まれたばかりの小さなベビーが安心して体をゆだねられる抱っこをしてみましょう。

お手本

1

ベビーの頭が自分のデコルテの高さにくるようにして抱き上げる。

ベビーの頭が利き手と反対側にくるようにする。

あごが上がったり、首が曲がったりしないよう注意。

利き手でないほうの手でうなじの後ろあたりを、利き手でお尻をささえる。

2

ベビーの頭側の腕をまっすぐ伸ばし、手のひらを外側に向ける。

二の腕でベビーのうなじ～肩をささえている。

ベビーのひざとひざがくっつかないようにする。

いざというときに利き手でベビーを守れるように、利き手をすぐに動かせる体勢をおすすめしています！

3

伸ばした腕のひじが動かないよう、内側に曲げる。

ベビーの頭が自分の体の外側に出ないようにする。

ひじ→前腕→手の甲の順に、ベビーにやさしくあてていくイメージで。

4

手のひらを返して、ベビーのお尻をやさしく支える。

ベビーの頭からひざまでが「も」の字になっている。

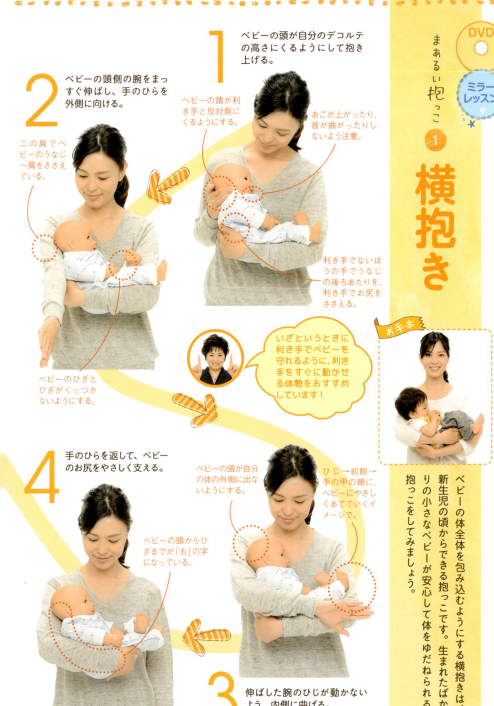

OK!

ベビーの頭を二の腕でささえることで、ふんわり包み込むような抱っこができる。

NG!

SIDE VIEW

ベビーの頭が安定せず、体勢が不安定になる。

ベビーの頭はひじ～手首ではなく、かならず二の腕でささえてくださいね！

ベビーの首をひじ～手首でささえている。この体勢ではベビーが反り返りやすくなる。

5

反対の腕も同じようにして、2～4の手順でベビーを包み込むように抱く。

6

完成。ベビーの背中が丸くなり、安心できる体勢になる。

POINT

下からのぞくと、ベビーのお尻が見える状態。

NG!

力を入れなくても大丈夫。ぎゅっとではなく、ふんわり包むように抱きましょう！

ベビーの体の位置が低く、抱きしめた手がVの字のようになっている。これではよけいな力がかかってしまう。

OK!

ベビーの頭が二の腕によりかかる。腕でつくった浮き輪にベビーがすっぽりとはまっているようなイメージ。ベビーの頭のほうの腕で抱き、反対の手はアシストのつもりで。

ママ目線

NG!

力を込めて抱いているため、ベビーの背中が丸くなりすぎている。ひざとひざがくっつかないように注意しましょう。

ベビーのひざと胸もくっついている。

DVD ミラーレッスン

まあるい抱っこ 2

縦抱き

お手本

縦抱きは、最もよく使われる抱っこの形。ママとベビーが向き合う体勢になり、ベビーへの愛情が実感できます。ベビーが気持ちいい抱っこのコツを、ぜひ覚えてください。

1

ベビーの脇の下を持ち、向き合う形になる。

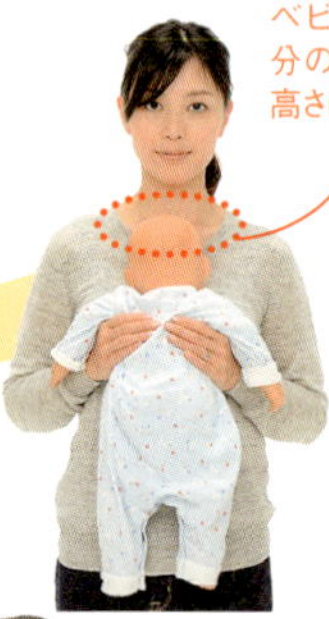

ベビーの頭が自分のデコルテの高さにくるように。

2

利き手でベビーのうなじのあたりをささえながらベビーを傾け、ベビーの股間が自分のほうを向く体勢にする。

「面」でささえるイメージで、やさしく。

SIDE VIEW

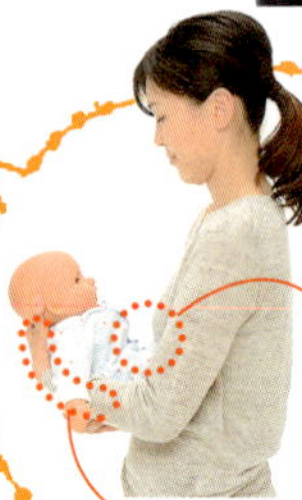

ベビーの股間が自分のほうを向いている。

ベビーの背中が丸くなっている。

3

ベビーの太ももからひざにかけて、外側にねじるようにしてM字開脚にする。ベビーを包むように抱く。

基本❶ 包む P22　基本❷ M字 P22

ベビーのひざは、お尻よりも上にくるように。

ここでしっかりベビーの脚をM字開脚にすることが、縦抱きのポイント！

反対側の太ももも、同様にM字開脚にし、ベビーを包むように抱く。

基本❶ 包む P22　基本❷ M字 P22

ベビーの股間がママのお腹にあたっていることで、片手でもホールドできる。

ベビーが大きくなったら、背中とお尻をささえるだけでOK

4

片手でベビーのうなじから背中のあたり、もう一方の手でベビーのお尻をささえて完成。

ベビーのうなじから背中あたりをやさしくささえる。

お尻は持ち上げず、ささえるだけ。ひじの内側で太ももの真ん中をささえる。

NG!

く、苦しいよう

背中に丸みがなくなっている。

自分の胸に押しつけるようにして抱くと、ベビーは苦しい。

安心できて気持ちいい

SIDE VIEW

ベビーの背中に丸みがある。

NG!

SIDE VIEW

首の下をささえているため、頭が安定しない。

ベビーの脚がM字開脚になっていない。

安定感がなく、ベビーは不安を感じて反ってしまう。バランスをとろうとママも反るため、さらにベビーが不快な体勢に。

押しつけるのではなく、やさしくささえてくださいね。

COLUMN

抱っこはいつまでしていいの？

抱っこに「○歳まで」という制限はありません。幼稚園や小学校に入ったから「もう大きいんだから抱っこなんてみっともない」なんて言わないで。ママのほうから「もっと抱っこしたい!!」というくらいでいいのです。

抱っこはベビーを泣きやませる手段ではありません。親子の大切なコミュニケーションであり、愛情表現です。たくさん抱っこされることで、愛されている、大切にされていると実感し、人としての自信がつくのです。

子どもは時期がくれば自然に自立するもの。それまでに、数えきれないほどの抱っこをしてください。

DVD ミラーレッスン

まあるい抱っこ ③

前抱き

お手本

ベビーが前を向く前抱き。首が座っていないベビー、反りやすいベビーに向いています。景色を見ることができるため、さまざまなことに興味を持ちはじめるベビーにも楽しい抱っこです。

ベビーが前かがみにならないよう、ママは胸を張って姿勢をよくしましょうね！

1

ベビーを脇の下でささえ、ベビーを自分にあずけるようにする。

2

ベビーの上半身をママの体幹でささえながら、両手でベビーの太ももをささえる。

3

ベビーの股間に両手のひらをあててささえ、ベビーの脚がひし形を描くようにする。

お尻をやさしくささえることで、ベビーのひざが自然に開いてM字開脚に近い体勢をとれるんです。

4 ベビーを体で受け止めて、包むようにささえる。

基本① 包む P22

NG!
落ちそうでこわい

ベビーが前のめりになり、不安定な体勢に。

安心できて気持ちいい

二の腕をしっかり使ってベビーをささえている。
ベビーをふんわり包み込むようなイメージです！
SIDE VIEW

く、苦しいよう
NG!
脚がほぼまっすぐになっている。
ママの姿勢が反ってしまっている。
SIDE VIEW
頭の位置が下がりすぎている。
お尻ではなく、太ももをささえている。

ひじ～手首でベビーをぎゅっとホールド。ベビーは締めつけられて苦しい。

COLUMN

「抱きぐせ」って本当にあるの？

ベビーを抱っこしていると「抱きぐせがつくからやめなさい」などといわれることがあります。

この「抱きぐせがつく」というのは、戦後、アメリカの自立心を促す育児論が日本に伝わったもの。その後アメリカではベビーを抱かずに放置することで、喜怒哀楽の少ないサイレントベビーになる危険性があることが指摘され、今ではこの育児論は間違っていたとされています。しかしながら、日本ではまだその名残があるのです。

つまり、「抱きぐせがつくから抱きすぎるな」は間違い。むしろ、たくさんの抱っこで愛情を伝えましょう。

DVD

ミラーレッスン

まあるい抱っこ 4

腰椅子抱き

お手本

片手でベビーをささえられる腰椅子抱き。ベビーはママとまわりの景色を両方見られるためごきげんに。ママもある程度利き手を使うことができ、一石二鳥の抱っこです。

ベビーの頭は常にデコルテの高さです。忘れないでくださいね！

1

ベビーを脇の下でささえ、ベビーの頭が自分の脇のあたりにくるようにする。

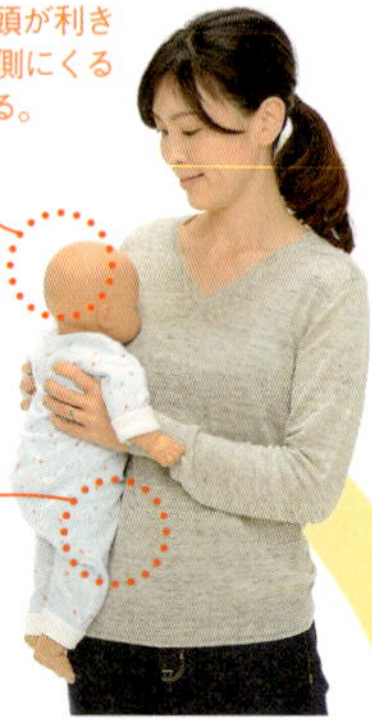

ベビーの頭が利き手と反対側にくるようにする。

骨盤の上あたりにベビーの股間がくる。

2

背中側にあるベビーの脚を M 字開脚にする。

基本❷ M字 P22

ベビーの背中～お尻のあたりをやさしくささえる。

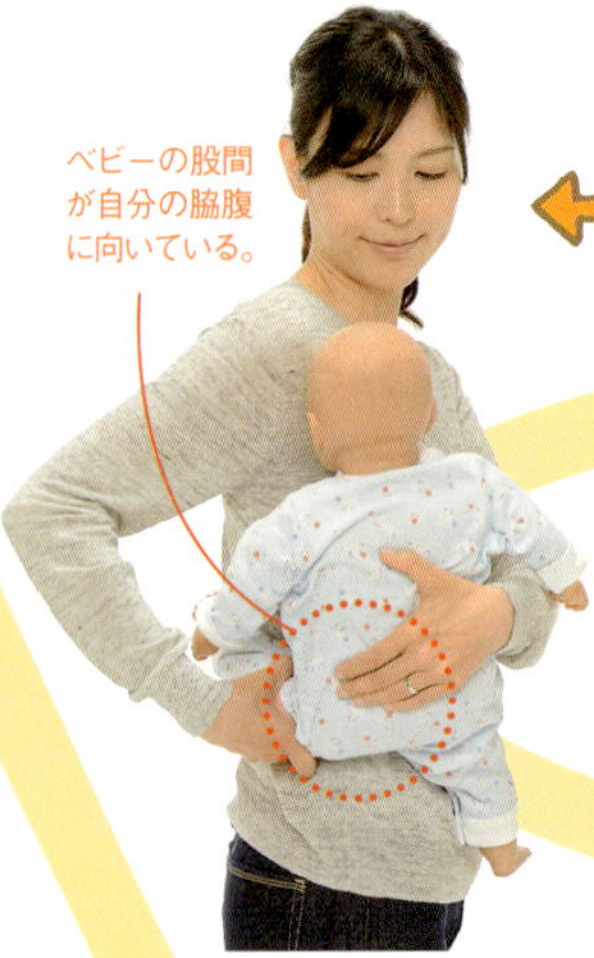

ベビーの股間が自分の脇腹に向いている。

3

お腹側の脚も、同様に M 字開脚にする。

基本❷ M字 P22

ベビーの太もものあたりをやさしくささえる。

ベビーの股間がしっかり自分のほうに向いていることで体勢が安定し、片手でもホールドできます。

ベビーの肩、背中、お尻をささえる。

4

利き手でベビーをささえながら、利き手と反対側の腕で抱きしめ直す。

基本① 包む P22

SIDE VIEW

5

ベビーの肩から太もも、ひざのあたりをやさしく包むようにささえて完成。

ベビーの背中が「も」の字になっている。

お尻よりもひざが上にきていることを確認。

POINT

二の腕でベビーの頭、ひじ〜手首でベビーの背中〜腰をささえる。

ベビーの肩、背中、腰、お尻の順にやさしく包み込むように。

NG!

ベビーが反ったとき、バランスをとろうとして無意識に自分も反ってしまうと、ベビーもさらに反ります。

すごく不安な体勢だよぅ

SIDE VIEW

二の腕を使っていない。

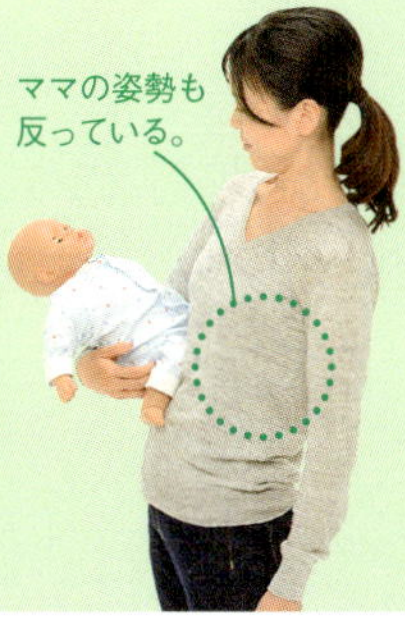

ママの姿勢も反っている。

二の腕を使わず、ひじ〜手首だけでベビーをささえようとしているため、ベビーの体勢が不安定になる。脚がM字開脚になっていないため、ベビーは苦しい。

COLUMN

ベビーにも男女差がある

生まれたばかりのベビーにも、男女差があります。男の子の体は、お肉がぎゅっとつまって筋肉質。女の子の体はお肉がやわらかく、全体的にふわふわ。男の子のほうが骨格や筋肉がしっかりしているので、抱きやすく感じるかもしれません。

男の子はおむつ替えなどで不快の原因を取り除けば、ストレートに泣きやむことが多いでしょう。女の子はおませさんで、「嫌な気持ちにさせてごめんね」という心のサポートが大切になることも。

小さなベビーもひとりの人間。それぞれ性格の違いがありますが、個性を見抜くヒントにしてください。

DVD

ミラーレッスン

まあるい抱っこ 5

座り抱き

ママが座ってベビーを抱っこする座り抱き。食事をするとき、乗り物に乗るとき、休憩するときなど、さまざまな場面で使えます。正しい体勢で、ママもベビーも楽ちんです。

ここでは対面での座り抱きを紹介します。前向きの場合でもベビーがM字開脚に近い態勢になることを意識してください。

1

ベビーの脇をささえ、ベビーと向き合うようにして座る。

自分の脚は少し開いておく。

2

ベビーの背中上部〜うなじの上あたりをささえながら、ベビーの脚をM字開脚にする。

基本❷ M字 P22

ベビーのお尻が下がりすぎないよう注意。

ママ目線

ベビーの股間が自分のほうを向いていることを確認。

お手本

POINT

ベビーのお尻の下にバスタオルなどをかませ、ベビーの高さを調整するとよい。

3

ベビーを押さえつけないように注意して、やさしく、肩、背中、腰のあたりを手のひらでささえて完成。

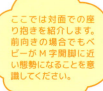

NG!

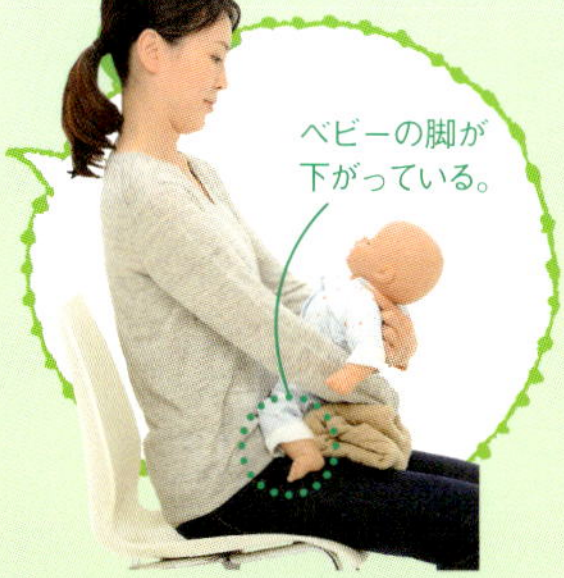

ベビーの脚が下がり、苦しい体勢になっている。また、首だけをささえて上を向かせているので、ベビーの体が反ってしまっている。

OK!

ベビーの脚が M 字開脚になり、背中が丸くなっている。

応用編 床に座って抱っこ

床に座ってベビーを抱っこする場合は、あぐらがベスト。椅子に座っているときと同じように、ベビーの脚を M 字にし、ベビーのお尻と背中〜うなじのあたりをやさしくささえる。

POINT

あぐらをかくときは、自分の脚でベビーのお尻がおさまるスペースをつくる。

椅子に座っているときと同様、バスタオルなどを使ってベビーの高さを調整するとよい。

NG!

ママが横座りをして前傾姿勢になっているため、ベビーの姿勢も不安定に。

NG!

ベビーを手で持ち上げる体勢になっているため、ベビーの体が反りやすくなっている。さらにベビーの首だけを持っているため、上半身が不安定に。

DVD

ミラーレッスン

まあるい抱っこ 6

パパの抱っこ

お手本

体型の違いをふまえた、パパならではの抱っこを紹介します。たくましいパパに抱っこされると、ベビーはママとは違う安心感を感じるはずです。

パパは筋肉質で胸が平ら。胸の中央だとホールドしにくいため、腕のつけ根をうまく使って頭をささえましょう。

1

ベビーの頭を腕のつけ根のあたりでささえ、ベビーのうなじのあたりがうまくフィットするような位置を探す。

ベビーの頭が利き手と反対側にくるようにする。
利き手でベビーの体全体をささえながら。

2

利き腕でベビーをささえながら、反対側の腕で包む。利き腕でも同様に包む。

基本❶ 包む P22

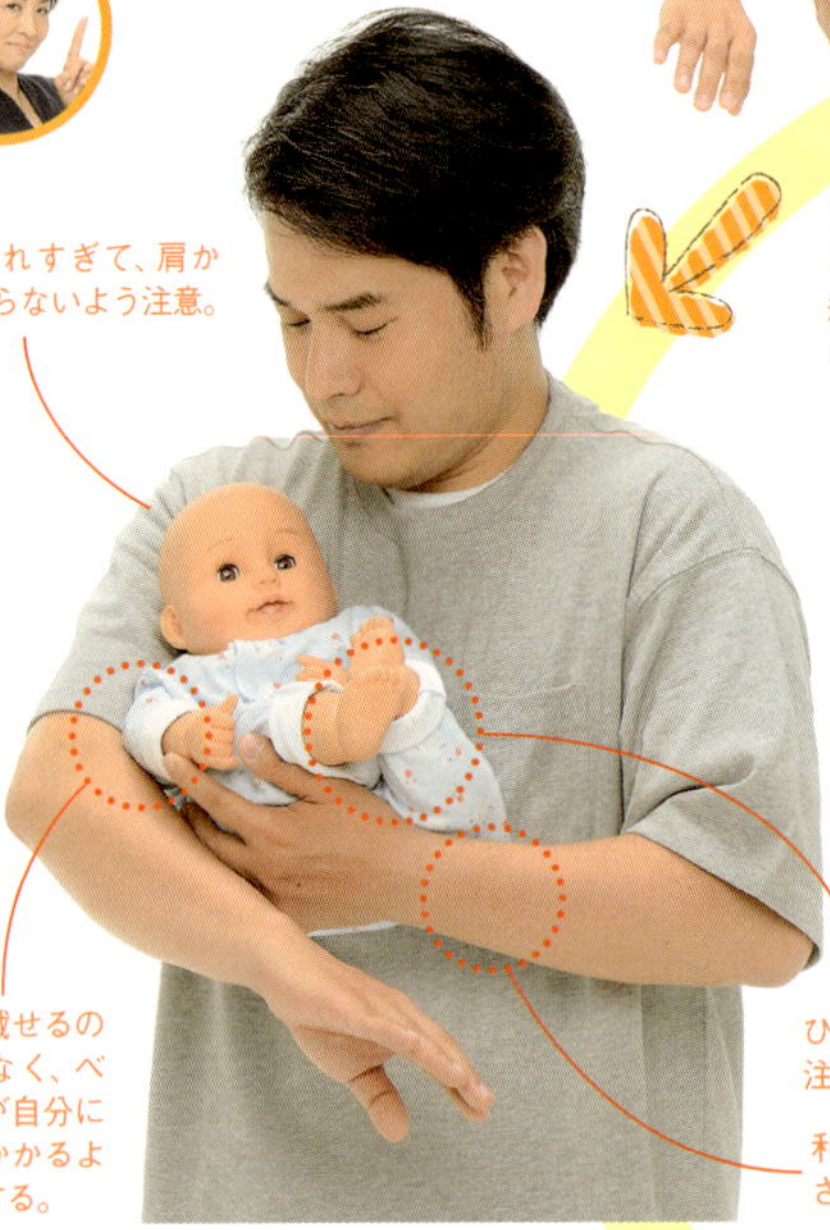
力を入れすぎて、肩からねじらないよう注意。
腕に載せるのではなく、ベビーが自分に寄りかかるようにする。
ひざとひざがくっつかないよう注意する。
利き手でお尻をやさしくささえる。

3

完成。ベビーがパパの腕の中にフィットして、包み込むような抱っこができる。

SIDE VIEW

パパの抱っこはつい力が入りがち。「ふんわりささえる」ことを心がけて！

上から見ると、ベビーがパパの腕の中にすっぽりはまっている。

下からのぞくと、ベビーのお尻が見えている。

応用編 パパが片手で前抱き

1

右ページの３の状態から、利き手を離す。

2

ベビーの背中が丸くなっていれば、片手でも安全に抱っこできます！

そのまま真横にスライドして完成。

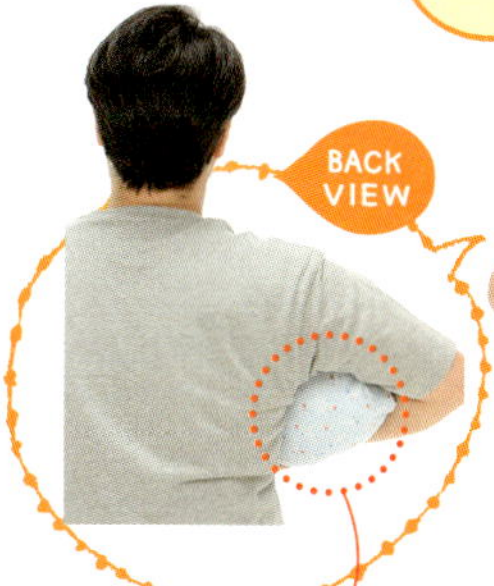

後ろから見ると、ベビーのお尻が腕の間にしっかり収まっている。

COLUMN

パパの抱っこで親子の絆を深めよう

「抱っこが苦手」というパパは多いもの。抱いてベビーが泣いたり、反ったりすると拒絶されていると感じるようです。でも、泣くのはベビーがおしゃべりをしているのであり、決してパパが嫌いなわけではありません。

授乳ができないぶん、抱っこはパパとベビーの大切なスキンシップ。特に腕のリーチが長いパパは、きれいにベビーを包めるというメリットもあるのです。

小さなベビーはお世話をしてもらえないと生きていけません。ベビーが自分にとっての命綱であるママになつくのは当たり前。ママがいないときにパパが命綱に昇格すれば仲よくなれます。

DVD ミラーレッスン

まぁるい抱っこ 7

大きい子どもの抱っこ

成長するにつれ、体重も増えてきます。まぁるい抱っこなら重さを感じにくく、ママも疲れません。子どもが大きくても、ハッピーな抱っこができます。

お手本

1

子どもを脇の下でささえて持ち上げる。

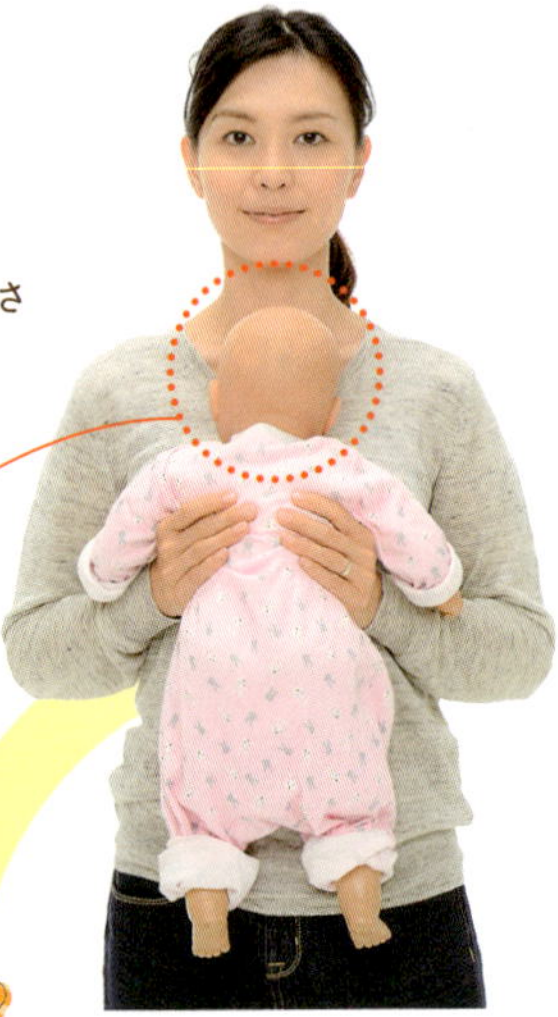

大きな子どもも頭はデコルテの高さが基本。

いくつになっても抱っこはできます。まぁるい抱っこならしっかり密着し、成長した子も軽く感じるはず！

子どもに協力してもらうのがコツ！

コザルになーれ！

はーい！

ささえる手は背中〜お尻のあたりにあてる。

自分で脚をママの胴体にからませるよう、協力してもらう。

股間が自分のほうを向いている。

SIDE VIEW

2

子どもの脚をM字開脚にして包むように抱く。「コザルになーれ」などと声かけして、子どもの脚をしっかり自分の胴体にからませるとよい。

基本❶ 包む P22　基本❷ M字 P22

成長するにつれ脚が長くなるので、子どものひざの後ろが自分の脇腹から背中のほうにくるようになります。

小学生などで脚が長くなった子は、ママの背中の後ろで両脚をからめる「ロック」をして協力してもらいましょう!

3

反対側の太ももも
M字開脚にし、子
どもを包むように
抱く。

基本❶ 包む P22
基本❷ M字 P22

コザルのポーズ!
はーい!
背中～お尻のあたりをささえる。
自分で脚をママの胴体にからませるよう、協力してもらう。

4

最後にまた「コザルのポーズ!」などと声かけして、子どもの脚をしっかりと自分の胴体に巻きつけるようにする。

NG!

低い位置での吊り下げるような抱っこは、重く感じる。

SIDE VIEW
重さに負けてお尻がさらに下がる。
腕が伸びきって、手だけで抱っこしている。

重いなぁ……
あんまり気持ちよくない……
お尻を引っ掛けるようにして持ち上げている。

COLUMN

どうする? 赤ちゃん返り

2人目、3人目の出産で新しい家族が増えるのはよろこばしいこと。でも、ベビーのお世話で上の子にさみしい思いをさせ、赤ちゃん返りをさせてしまうことも。

上の子は、普段の生活の中で「どれだけ自分が大切にされているんだろう」という手応えが不十分になり、不安なのかもしれません。ベビーがお昼寝をしている最中に上の子をたくさん抱っこするなど、ママからの愛情をたっぷり示してください。

ポイントは「上の子に求められたから応えるのではなく、ママのほうから進んで愛情を示す」こと。愛情をしっかり伝えることが、安心や信頼につながります。

DVD
ミラーレッスン

まあるい抱っこ 8

2人を抱っこ

お手本

きょうだい2人の抱っこにもチャレンジしてみましょう。上の子が言葉をわかるようになっていれば、ママに協力してくれるようになります。

1

まずは大きな子から抱っこ。腕のつけ根で子どもの頭を支えるようにする。

利き手が自由になるよう、利き手と逆側に頭がくるようにする。

2

子ども側の手でしっかり子どもをささえる。

二の腕をしっかり使って、ベビーをホールド。

3

お腹側の脚をM字開脚にしていく。

基本② M字P22

大きな子は太ももの真ん中あたりをささえるようにすると、M字になりやすい。

4

ぎゅっとしがみついてね

背中側の脚も同様にM字開脚にしていく。

基本② M字P22

二の腕を使って、ベビーの肩〜お尻〜太ももをしっかりとホールド。

利き手をうまく使うのがポイント。

ママの言葉がわかるようになっていれば、「コザルみたいにママにしがみついてね」などと声かけして、自分の体に脚を巻きつけてもらいましょう！

4 小さなベビーをすくい上げるようにして抱きかかえる。

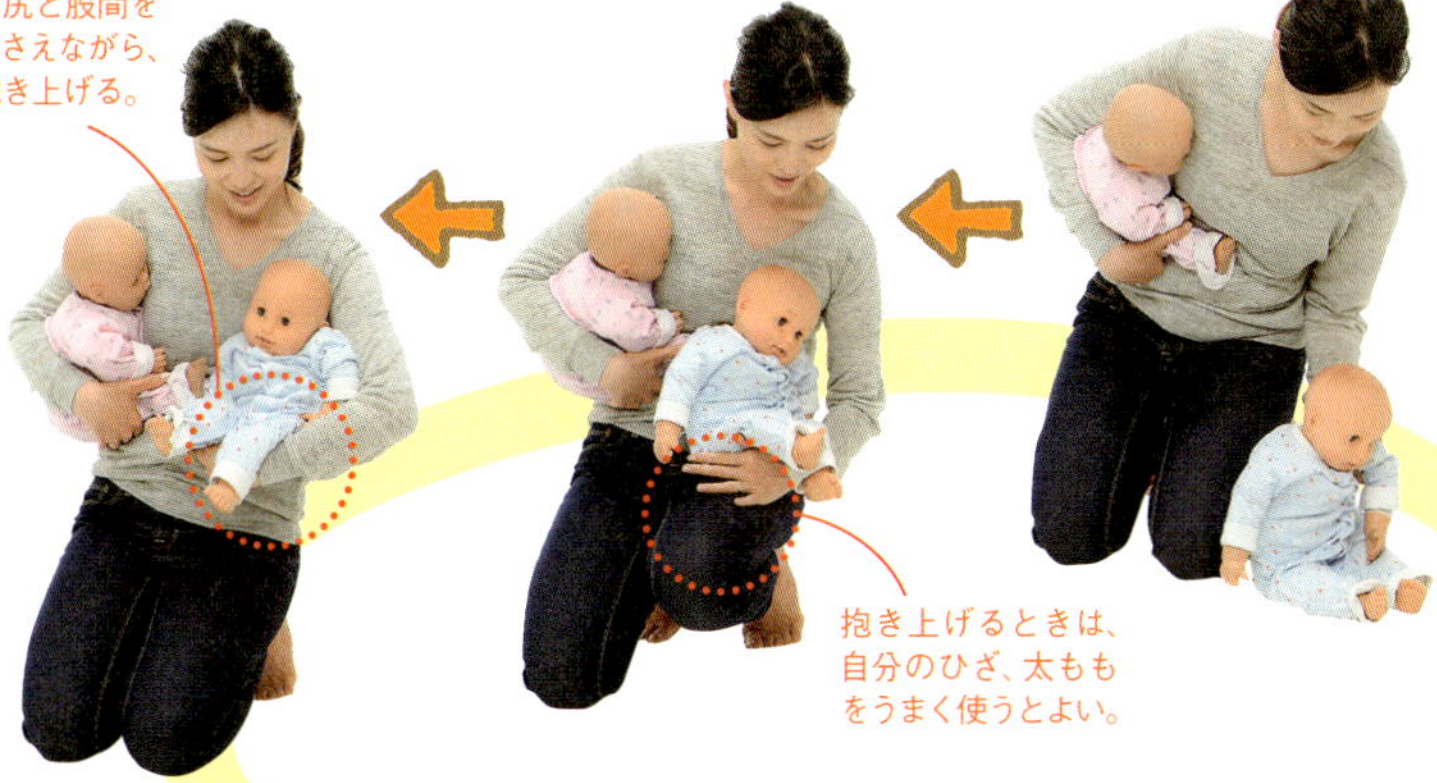

腰椅子抱きの要領で、ここでは1人目は対面向き、2人目は前向きで抱っこしてみましょう！

5 利き手をうまく使い、ベビーの脚をＭ字開脚にしていく。

基本❷ Ｍ字 P22

二の腕をしっかり使うことで、2人抱っこも軽々できますよ！

6 完成。自分の体が２人にはさみ込まれるような形になるのがポイント。

NG!

ひじ〜手首でささえようとしているため、不安定な体勢になっている。

不安定な2人抱っこは危険です！

DVD

ベビーのお世話 1

授乳

「飲ませる」のではなく「ベビーが飲みやすいように、お手伝いする」というイメージを持ちましょう。体勢も自分が飲ませにいくのではなく、ベビーにきてもらうようにします。

授乳（縦抱き）

1

まずはベビーの口と乳首の高さを合わせる。バスタオルなどを使って底上げし、調節するとよい。

32ページの座り抱きの要領で。ベビーの脚はM字開脚、体はゆるやかな「も」の字を描くようにする。

基本② M字 P22

ベビーの股間が自分のほうを向いている。

POINT

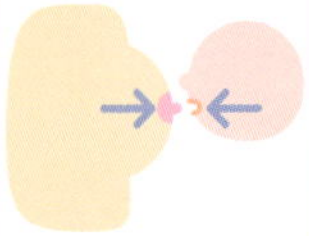

乳首とベビーの口の高さをしっかり合わせる。

2

授乳のコツは、
①乳首とベビーの口の「高さ」と「向き」を合わせる。
②ベビーの体勢に無理がないことを確認。

次に、ベビーの口と自分の乳首の向きを合わせる。乳首が外向きなら少し脚を開いてベビーの位置を調整する。
ベビーの位置が決まったら、抱いているほうの手でやさしく体をささえ、反対の手で首のつけ根からうなじのあたりをやさしくささえて授乳する。

POINT

もともと乳首の向きは人それぞれだが、授乳期は胸が張るため、向きが変わることも。自分の乳首をよく観察することも大切。

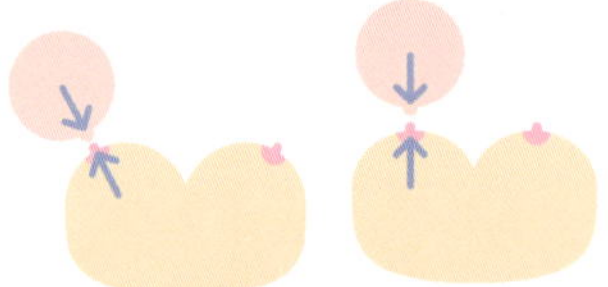

POINT

ベビーの口に乳首を突っ込むのではなく、舌の上に乳首を載せるようにすると、ベビーは舌に乳首を巻き込みながら上手に飲める。

ベビーの顔は乳首に対して垂直（真正面）になるように。

肩から腕全体を使ってベビーをささえるイメージ。

自分の体とベビーの体の間にすきまができないようやさしくささえる。

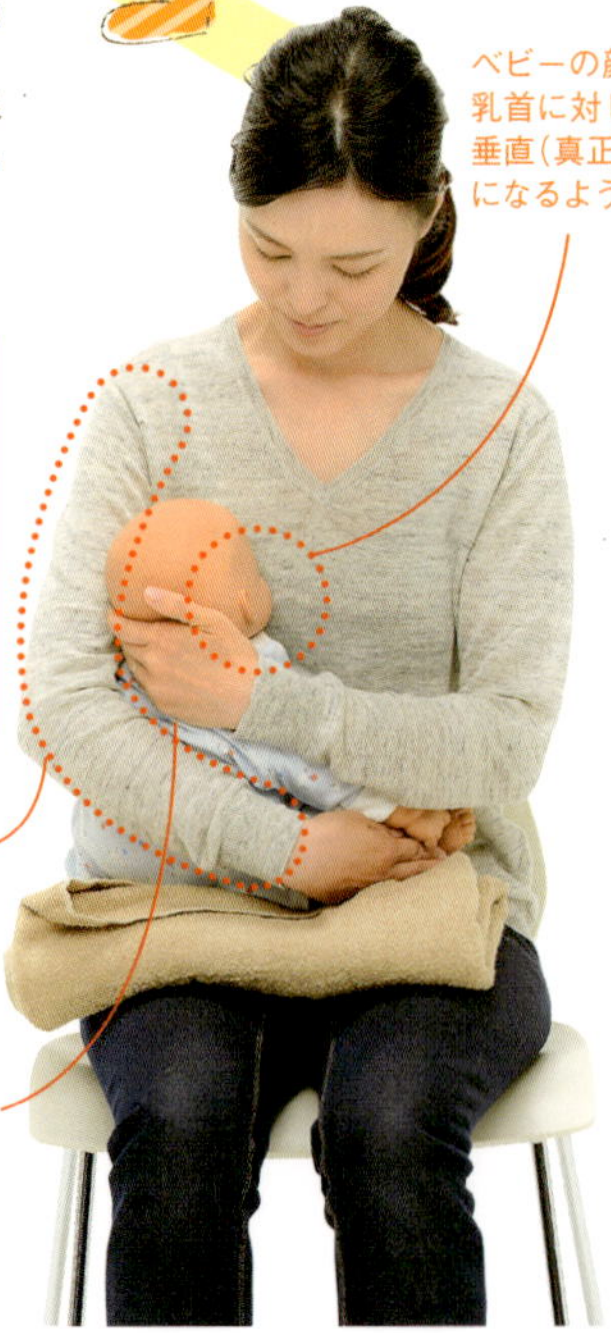

NG!
く、苦しくて飲めないよ

首根っこをつかんで胸に押しつけている。

ママが前傾姿勢になりベビーに胸を押しつけている。

OK!
ごくごく飲めるよ

NG!
あごが上がると飲めない……

ベビーの股間が下を向いていると、のけぞりやすくなる。

授乳中にベビーが上を向いてママと目が合っているときは、実はベビーのあごが上がって無理な体勢になっていることが多い。

授乳（横抱き）

横抱きで授乳するときも、かならずベビーの口と乳首の高さ・向きを合わせる。

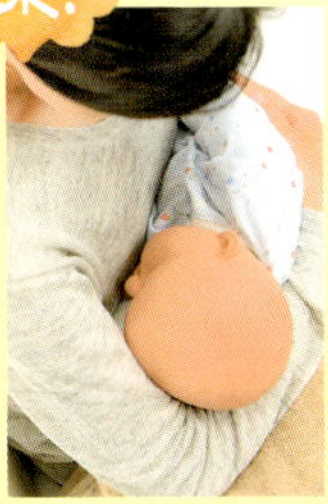
OK!

ベビーの顔、胸、お腹が同じ方向（自分の方向）を向いている。

NG!

ベビーの顔と体の向きがねじれていると、飲みづらい。

NG!

ベビーの上半身と下半身が逆「く」の字のようになっている。

タオルなどを使って、ベビーの頭の高さを調節する。

自分の体に対してベビーを巻きつけるように。上から見ると「も」の字のイメージで。

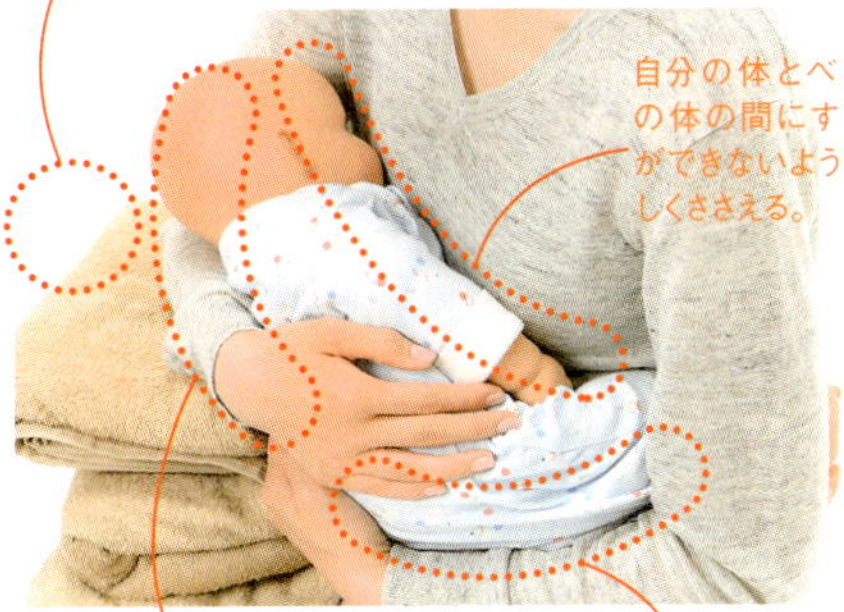

自分の体とベビーの体の間にすきまができないようやさしくささえる。

二の腕～手首までがベビーにやさしくあたるようにして抱く。

ひじ～手首でお尻をやさしくささえる。

ミラーレッスン

授乳（哺乳瓶）

哺乳瓶で授乳するときも、かならずベビーの口と乳首の高さ・向きを合わせるのが基本。哺乳瓶の乳首を真横からくわえられるような体勢をつくるとよい。

ベビーが自分の二の腕に寄りかかれるようにする。

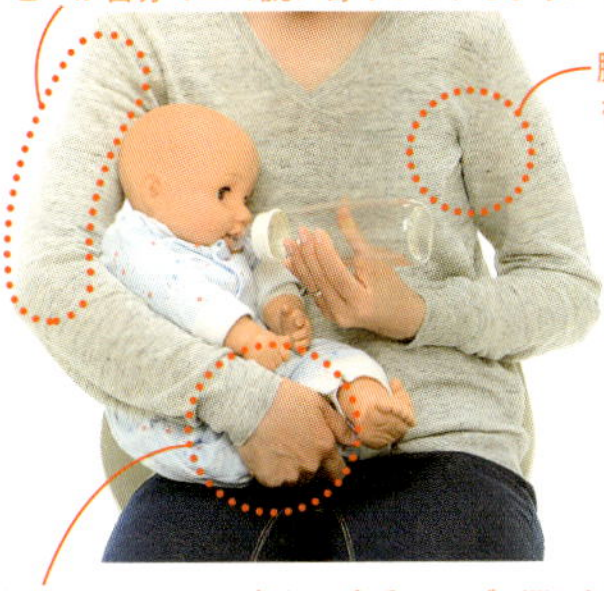

脇を締めて瓶を固定する。

手のひらでお尻～太もものあたりをやさしくささえる。

自分のひざが下がってベビーの姿勢が安定しないときは、バスタオルなどを使って安定させるとよい。

OK!

哺乳瓶の乳首も、かならずベビーの口の向きに合わせる。

NG!

角度が合っていないとうまく吸えない。

上から飲ませるとあごが上がって飲みにくい。

ベビーのお世話 2

おむつ替え

DVD

おむつ替えでは「ベビーが心地よいと感じられる環境と体勢」をつくることが大切。いくつかのコツをつかんでおけば、おむつ替えを嫌がって泣いていたベビーも、すんなりお世話をさせてくれます。

まずはベビーが気持ちよく横になれる場所をつくりましょう！

1

タオルやクッション（座布団）などをうまく使って、腰から 30 度の傾斜をつくり、ベビーを寝かせる。

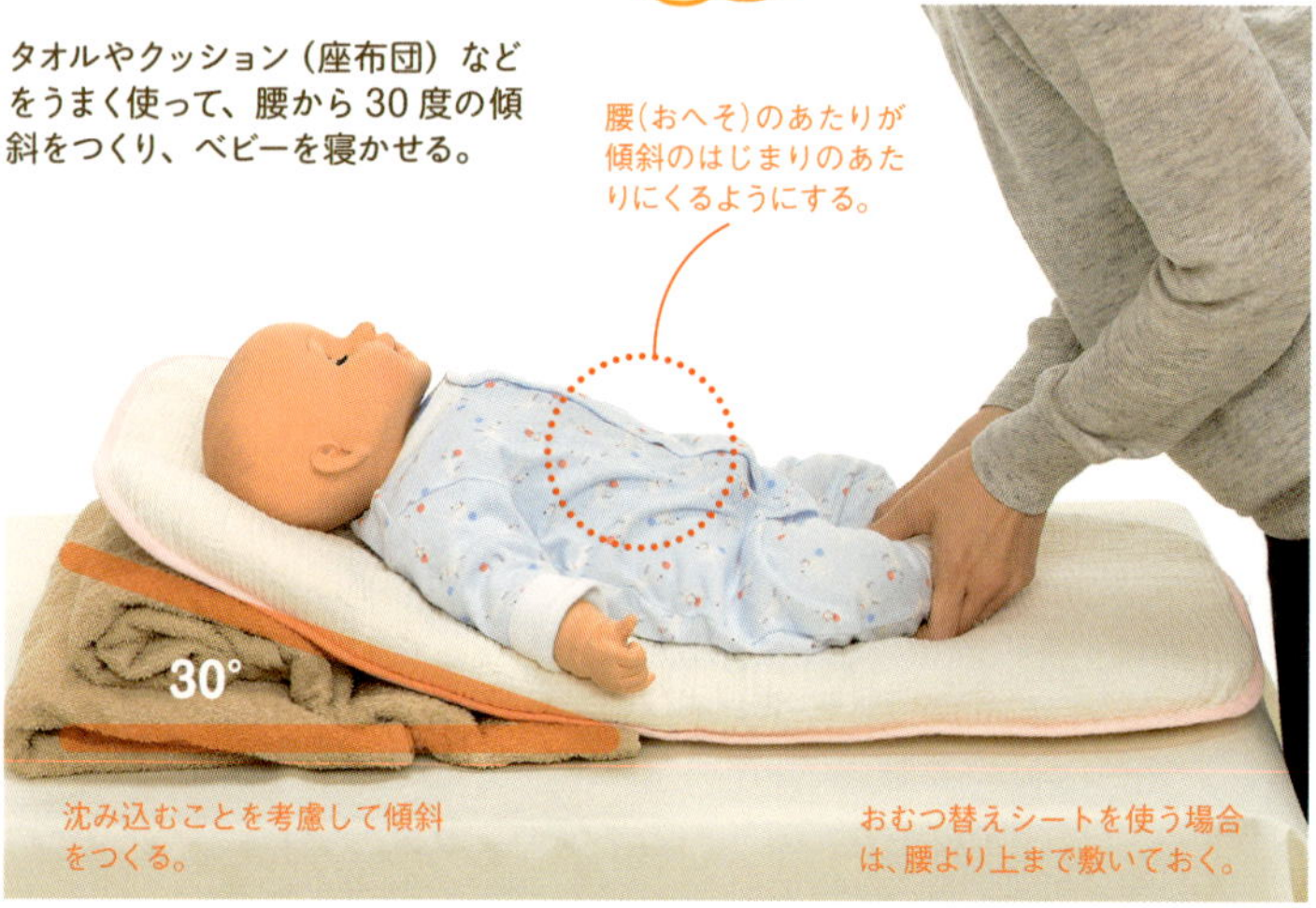

腰(おへそ)のあたりが傾斜のはじまりのあたりにくるようにする。
30°
沈み込むことを考慮して傾斜をつくる。
おむつ替えシートを使う場合は、腰より上まで敷いておく。

寝かせるとき、抱き上げるときは44ページを参考にしてくださいね！

NG!

いきなり平らな場所にベビーを寝かせると、不快な体勢となり泣き出してしまうことも。

2

ベビーのおむつをやさしくはずす。

声かけなどをしながら行うとGOOD！

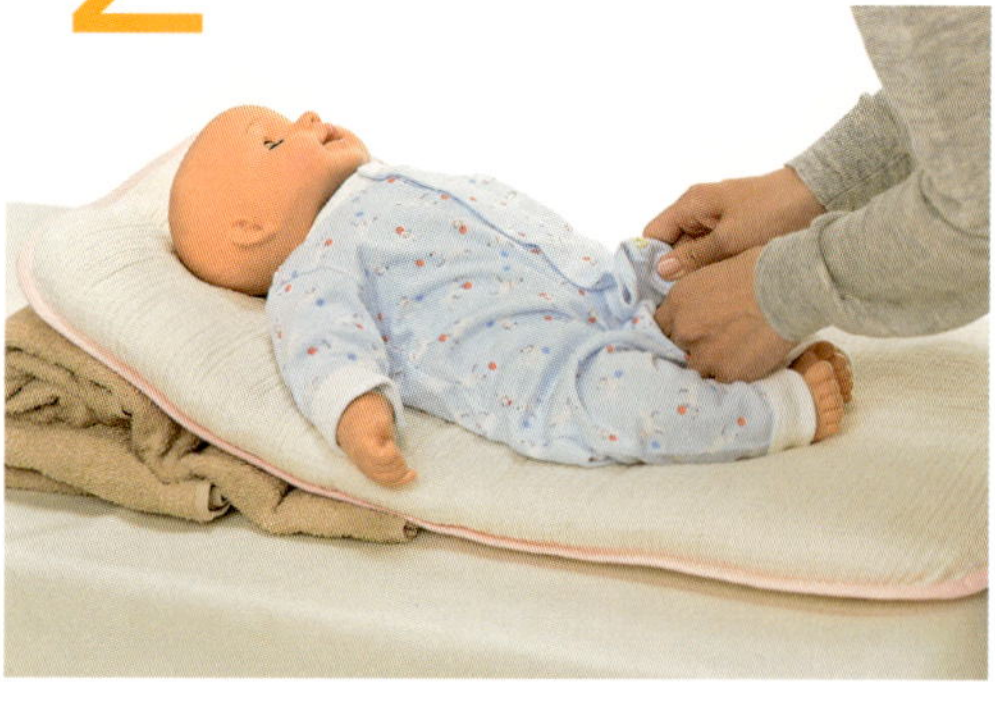

ここがおむつ替えのポイントです!

3

ベビーの足の裏と裏を合わせ、M 字開脚になるようおへそのほうに持っていく。

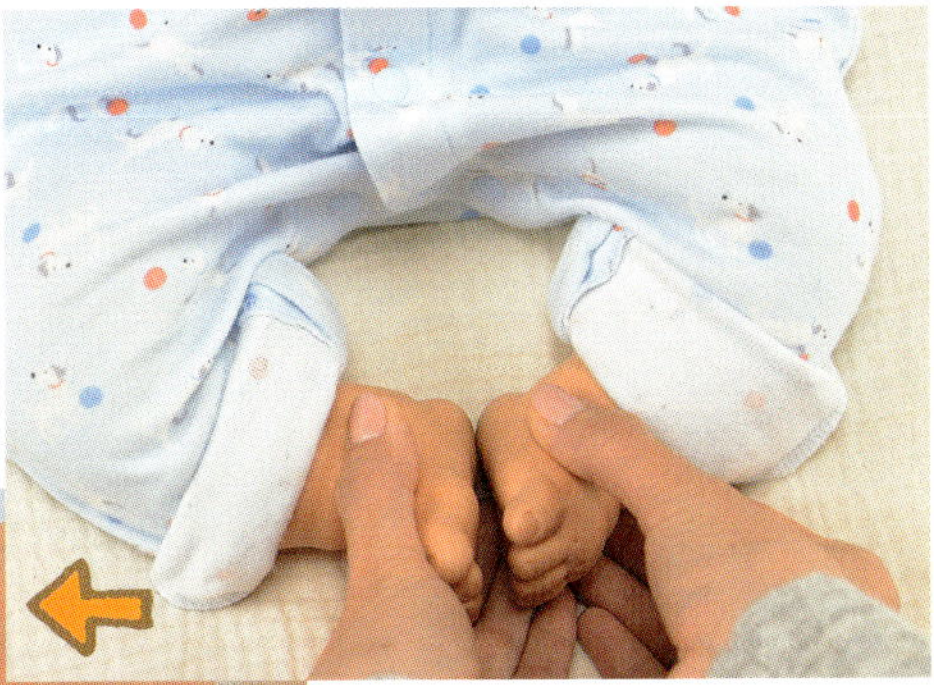

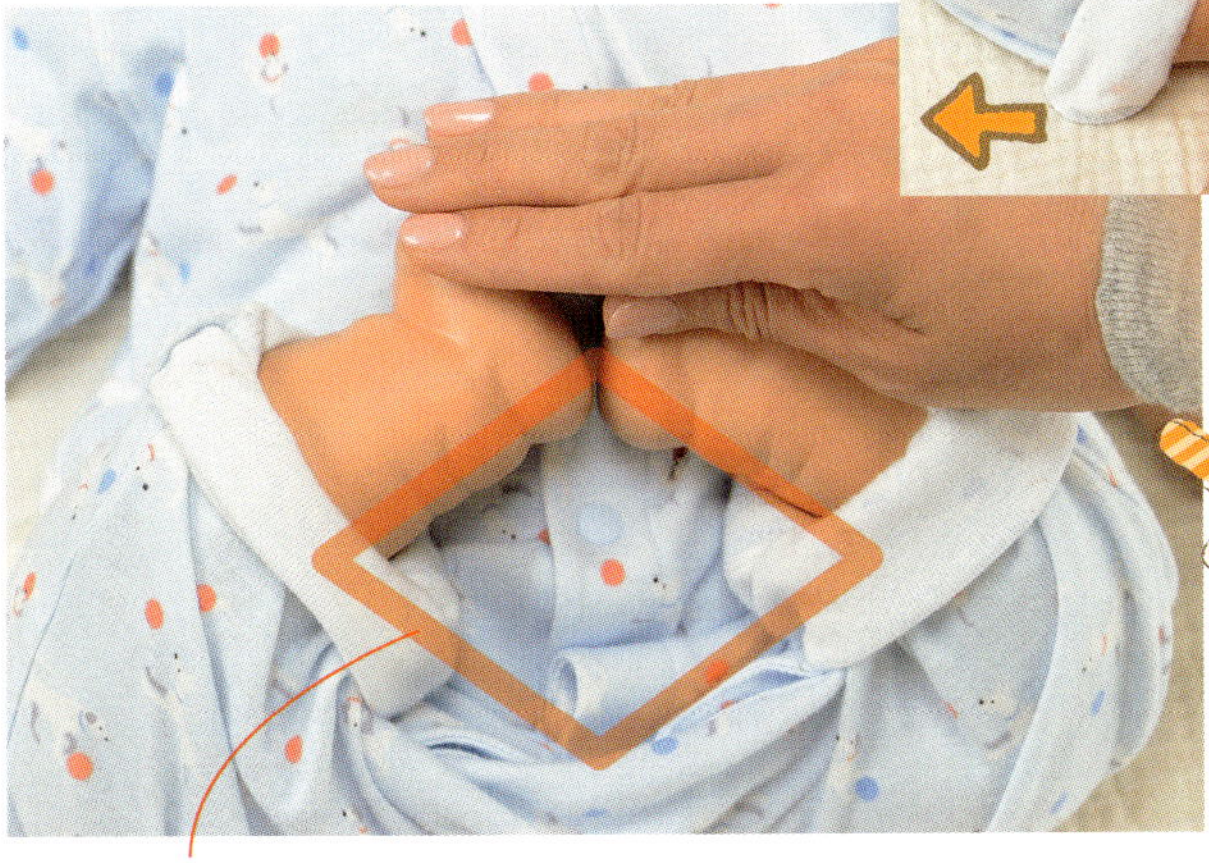

ここがひし形を描くようにする。

4

ベビーのお尻をやさしく拭く。拭き終わったら新しいおむつを差し込む。

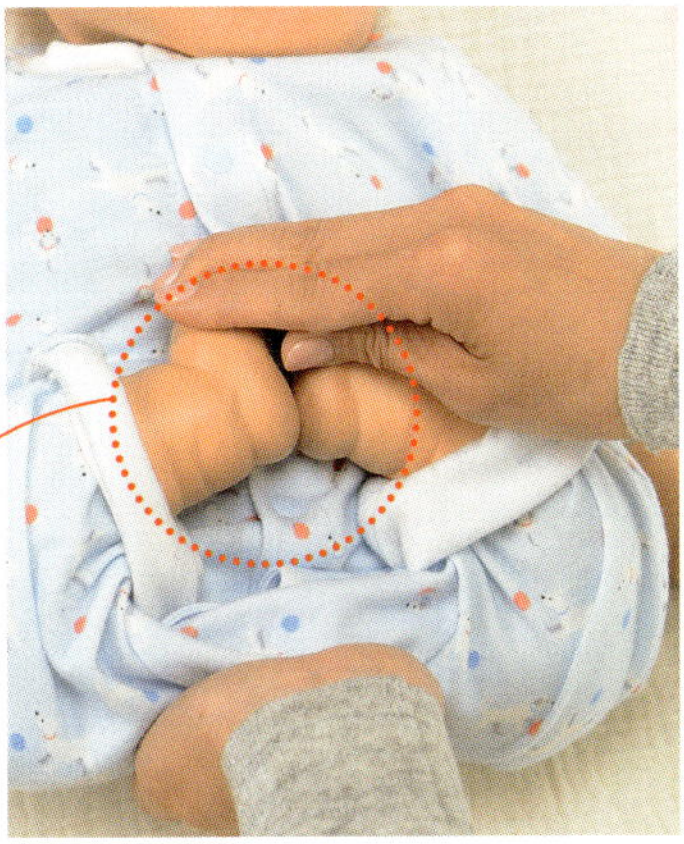

脚がひし形になっている。

SIDE VIEW

おむつ替えって気持ちいい!

脚はおへそに向かって上げる。

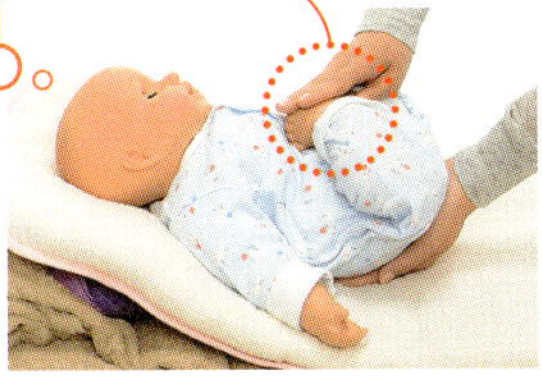

お尻の下のほうまできちんと拭ける。

POINT

おむつテープはななめに留めると、お腹を圧迫せずにおむつがフィットする。

NG

オムツ替えがイヤなんじゃなくて、この体勢がイヤ!

ベビーの脚をまっすぐ頭のほうへ押さえ込むようにしている。

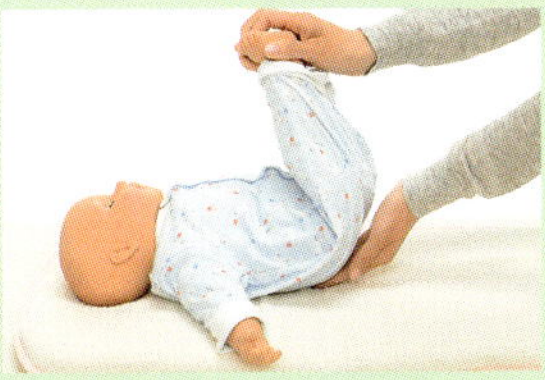

ベビーの脚をまっすぐにして上に引っ張っている。

ぐっすり眠れる「まぁるい寝床」をつくろう

まずは、ベビーが自然とまぁるくなれる「まぁるい寝床」づくりからはじめましょう。ベビーのおへそのあたりを支点にして、頭～おへその上半身が 30 度、おへそ～足の下半身が 45 度の傾斜になるようにします。これが「まぁるい寝床」のゴールデンバランス。タオルなどを使って角度を調節しましょう。

ベビーが成長しても、常におへそのあたりが傾斜角の中心になるようにしましょう。

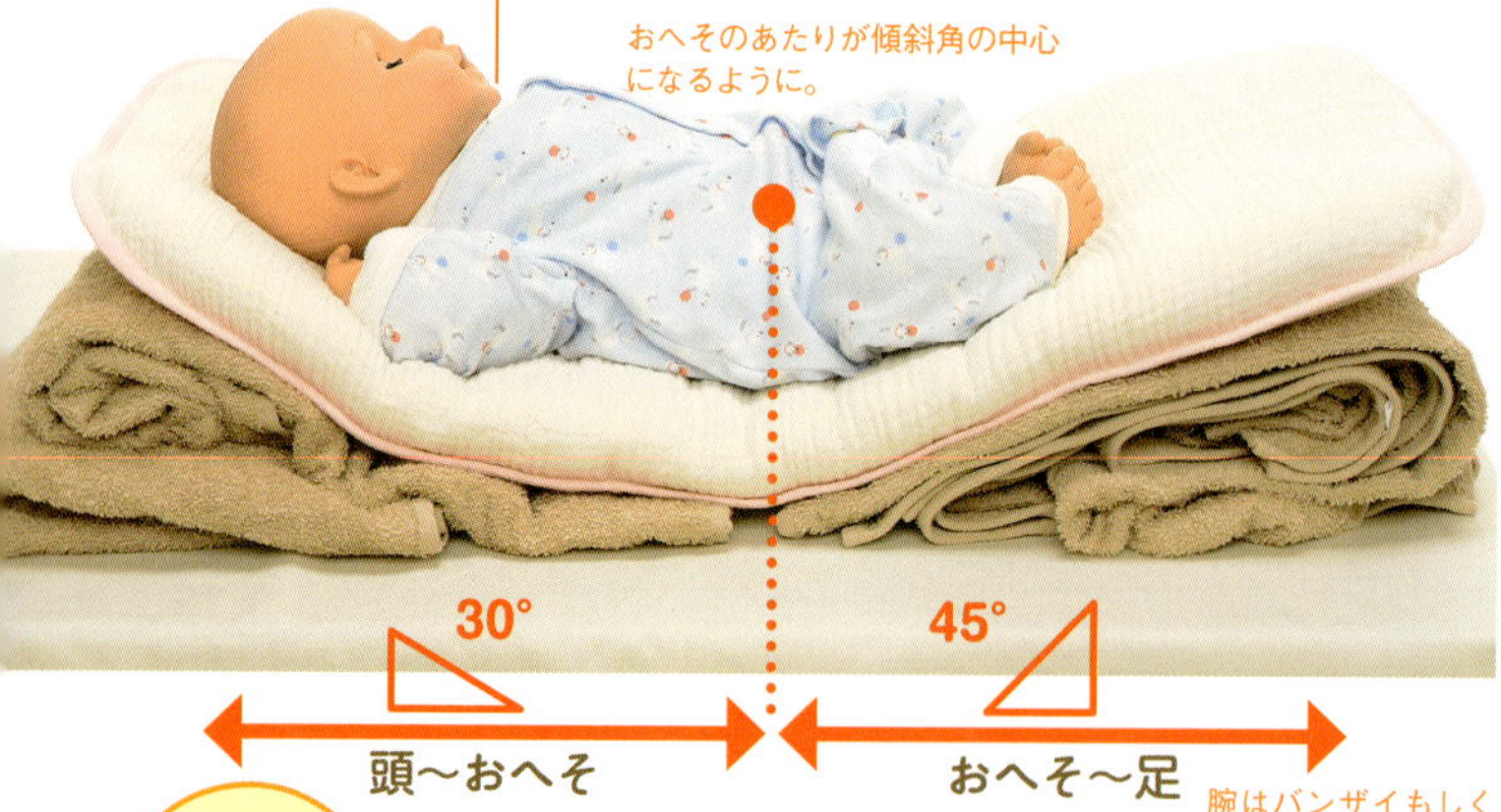
あごが上がりすぎたり、引きすぎたりしないよう注意。
おへそのあたりが傾斜角の中心になるように。
30°
45°
頭～おへそ
おへそ～足

この姿勢なら、ベビーは健康的にすやすや眠りにつくことができます！　1歳くらいまではこの姿勢がベストです！

POINT
腕はバンザイもしくはリラックスした場所にある。
脚が開いてM字開脚になっている。
ベビーの寝姿がWM型の姿勢になっている。

COLUMN

ベビーが寝ない意外な理由って?

オムツも替えた、おっぱいもあげた、抱っこもかなり長い時間している、やっと眠ったと思ってベッドに寝かせたらギャン泣きが止まらない……。「どうして?」と思いますよね?　実はベビーは寝ることが「怖い」のです。そのため、100％自分の事を見守ってくれる人がそばにいないと眠れません。一人ぼっちでは眠れなくてママを求めているなんて、愛おしいと思いませんか?

睡眠

寝かせるとき、起こすときに泣き出してしまうベビーも多いはず。寝床を工夫する、動作をゆっくり行うなど、ベビーの心と体に寄り添うことで、気持ちよく寝起きしてくれるようになります。寝ているときもまぁるくすることがポイントです。

起こす（抱き上げる）

どちらの手も面でやさしくささえるイメージで。

1 利き手をベビーの耳から首のつけ根のあたりに差し入れる。自分の体を前傾させながら次に反対側の手を差し入れ、お尻をささえる。

2 さらに自分の体を前傾させ、ベビーの下半身を自分に引き寄せてから、ゆっくりと上半身を起こしていく。

寝かせるときも起こすときも、ゆっくり、やさしくを心がけましょう。声をかけながら行うとさらにGOOD！

3 自分とベビーの体を密着させたまま抱き上げる。

寝かせる

ベビーが泣いているときは、あせらずに。落ち着いてから寝かせましょう。

1 寝床の準備をし、ベビーを縦抱き（26ページ参照）にする。

寝床は少し高さがあるほうが楽。

2 自分のデコルテとベビーの頭を離さないようにしながら、お尻を着地させる。

3 ベビーの頭を自分の胸のあたり（デコルテ）につけたまま、お尻、背中、頭の順でゆっくり着地させる。ここで3秒程度間をとって、ベビーを落ち着かせる。

4 ゆっくりと手を引き抜き、最後に胸を離す。

どうしたらいいの?

育児の「困った」にお答えします！

子育て中のママは、多かれ少なかれ、みーんな悩んでいます。子どもが1人目でも2人目でも、ママの年齢も関係なし。心がけてほしいのは「ベビーも自分と同じ人なんだ」という視点。ベビーにだって私たちと同じように感情や感覚があり、それらはそのときによって違います。ベビーの感情や感覚に向き合い、寄り添うことが大切です。

泣いてばかりでノイローゼになりそうです。どうしたらいいの？

もしかしたら、あなたが一生懸命やっていることと、ベビーが求めていることとのピントがずれているのかもしれません。また、あなたのあせりや不安などの精神状態が、ベビーに伝わっているのかも……。

ベビーはあなたを困らせようとしているわけではないのです。抱き方、寝かせ方、起こし方、おむつ替え、授乳など、常にベビーの気持ちになって行うようにしましょう。いろいろなことをひとつずつ積み重ねていけば、ベビーが求めていることとあなたがやっていることのピントが、だんだん合ってくるはずです。

成長の段階では、ぐずりやすくなる時期もあるため、しばらく様子を見ることも大切です。あせらず、ゆるぎない愛情をかけ続けてください。

おっぱいをあまり飲んでくれません。授乳にも時間がかかります。

授乳の仕方が、ベビーにとって飲みにくい体勢になっているのではないでしょうか？まずは40ページのように、飲みやすい体勢を心がけてみましょう。

おっぱいを長時間だらだら飲んでいると、血糖値が上がってお腹がすきにくくなることもあります。授乳に時間がかかるのは、体勢が悪く飲みにくいという原因も考えられますが、ママの十分な愛情を感じられず、安心するためにおっぱいをずっと口に含んでいる場合もあります。十分な愛情表現、コミュニケーションも大切です。

また、授乳後にゲップをさせて満足するママが多いのですが、ゲップが出るということは、空気ばかり飲み込んで、上手に飲めていない証拠なので気をつけて。

「反りぐせ」があって、上手に抱っこできません……。

まず、「生まれつき反りぐせのあるベビーはいない」ということを理解した上で、「なぜ反るのか」を考えてみましょう。

体を反らす原因は、持ち上げられたり、押さえつけられたり、不安定だったり、不快な体勢になっているから。ベビーは安心して身をあずけられず、そこから逃げ出そうとして反ってしまうのです。もちろん、あなたのことを嫌っているわけでも、拒絶しているわけでもありません。どうして不快なのか、何が問題なのかをきちんと見極めて、改善していきましょう。

ただし、楽しそうに笑いながら反っているような場合は、逆さまに見える景色を楽しんだりして遊んでいるのかもしれません。ベビーの表情や全身をよく観察して判断してください。

なかなか寝てくれません。決まった時間に寝ないし、夜泣きもあります。

添い乳でしか寝ない、抱っこでしか寝ない、夜泣きがひどいなど、ベビーの睡眠については、多くのママが悩んでいます。

まずは「寝ない」という目の前の現実ばかりにとらわれず、「どうして寝ないのか」を考えてみましょう。

そして、その日の行動やベビーの状態を振り返ってみてください。ベビーは心身ともに満足し、ママの愛情を確認しないと眠れません。食事（授乳）は十分とれたか、スキンシップをたくさんしてコミュニケーションがとれたか、しっかり体を使って遊べたかなど、ベビーが満足できない原因を考えて対処することが大切なのです。

また、ベビーは私たちと同じように、体調や心の状態も毎日変わります。楽しくて興奮している日もあれば、便秘気味で体調がすぐれない日もあります。毎日9時きっかりに寝ろといわれても、無理なのです。生活リズムは大切ですが、「ベビーだって眠れない日もある」と、おおらかに考えましょう。

離乳食をはじめたのですが、あまり食べてくれません。

離乳食は、栄養を摂取するためだけのものではありません。生きるために必要な「食べる」という行為を練習し、「食事は楽しいものだ」と思えるようになるためのレッスンです。

無理やり食べさせられたり、急かされたりすれば、食事は楽しくないですよね。私たち大人だって、「ステーキは好きだけど、今日はおそばが食べたい」という日もあります。同じように、ベビーだって、あまり動かなかったから食欲がなかったり、体調や気分によって食べたいものが違ったりします。食べ物の好みも日々変わっていきます。

楽しい食事ができる環境を整えること、ベビーの気持ちになって工夫することを心がけながら、ベビーのペースを大切にしてください。

まあるい
column 2

ベビーの世界を感じてみよう

子を育《はぐく》む上でとても大切なことは、相手が自分と同じ「人」だと理解すること。目の前にいるのは、「赤ちゃん」「子ども」という生き物ではありません。私たちと同じように、感情や感覚のある「人」なのです。泣きやまないベビーにイライラ、オロオロするのではなく、相手の感情や感覚を想像し、尊重することを忘れずに。そのために、ベビーの世界を実際に体験してみましょう。

次の３つのことをやってみてください。
①あごを上げて、後ろから首のつけ根を押さえながら、ペットボトルの飲み物を飲む。
②家族や友人に背中を手のひらで叩いてもらう。
③抱っこして、揺らしているときのベビーの目線に合わせて、スマートフォンなどで動画を撮影する。

いかがでしたか？　まずは①。うまく飲めない、むせてしまったという人が多いのではないでしょうか。大人の私たちが飲めないのに、そんな無理な体勢でベビーがうまく飲めるはずがありませんよね。授乳の際に、ベビーのあごを上げ、首のつけ根を押さえつけていたら、飲まなくなるのも当然なのです。

次に②。ベビーがぐずっていると、ついトントンと背中を叩いてしまいがち。大人の私たちの手は、小さなベビーからみたら巨大です。その巨大な手で小さな体を叩かれるのですから、その衝撃たるやすさまじいものがあります。

そして③。映像が揺れて気持ち悪くなったのではないでしょうか。抱っこのとき、ベビーは自分の身長の３倍くらいの高さのところにいます。そんなところでゆさゆさ揺らされたら、まるで遊園地のアトラクション。遊びたい気分のときはいいですが、眠いときやリラックスしたいときは逆効果です。

ベビーをリラックスさせたいなら、やさしくなでる、触れるくらいで十分。縦に揺らしたり、背中をトントンしたりするとベビーが落ち着かなくなります。ベビーと体の軸を合わせて、ゆっくりと横にゆれるのがおすすめです。

このように、実際に体験すればわかることも多いはず。常にベビーの気持ちを想像し、ベビーの立場で考えることを忘れないようにしましょう。

chapter

3

スリングでらくらく抱っこ

本章では、スリングの基本と使い方を解説します。
スリングで抱っこすると、両手を使うことができるので、
お出かけなども気軽にできるようになります。

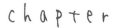

スリングって何？

1枚の布でベビーを包む「スリング」を使った「まぁるい抱っこ」は、一般的な抱っこひもよりもベビーとママの密着度が高く、お互いハッピーな気持ちになれます。最初は難しく感じるかもしれませんが、慣れてしまえば簡単です。

スリング抱っこのメリットは？
密着度が高いから ベビーもママも ハッピーに
ベビーの気持ちいい 姿勢を追求！
ママと くっつけるから 幸せ！
軽いから 持ち運び簡単！
ベビーが泣きやむ 「まぁるい抱っこ」が できる
両手が使えて 家事もラクラク！
正しく装着すれば 安心・安全！

密着できる幸せ

スリングを使って実際に抱っこをすると、驚くのはベビーとの密着感。体験したママたちの多くが、「これまで以上に幸せを感じる」「もうおろしたくない」と、ベビーへの深い愛情を感じています。

さらに、ベビーがママに近くなること、高い位置で抱けることで、素手の「まぁるい抱っこ」と同様、ベビーがとても軽く感じます。

気軽に外出ができる、両手が使えるので掃除などの家事もできるなど、うれしい効果がたくさん。かさばらず、持ち運びが簡単なのも人気の理由です。

また、スリングは幅広い年齢の方に使うこともできます。学童期、さらに介護などでも活用されています。

スリングのしくみと正しい使い方を知り、コツをおさえて練習を重ねれば、かならず上手に使えるようになります。ぜひチャレンジしてみてください。

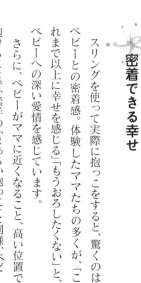

スリングってどんなもの？

1枚の布でベビーとママをつなぐスリング。素材は肌触りがよく、丈夫な綿100%がおすすめ。ベビーの命をしっかり包めるよう、ていねいにつくられています。

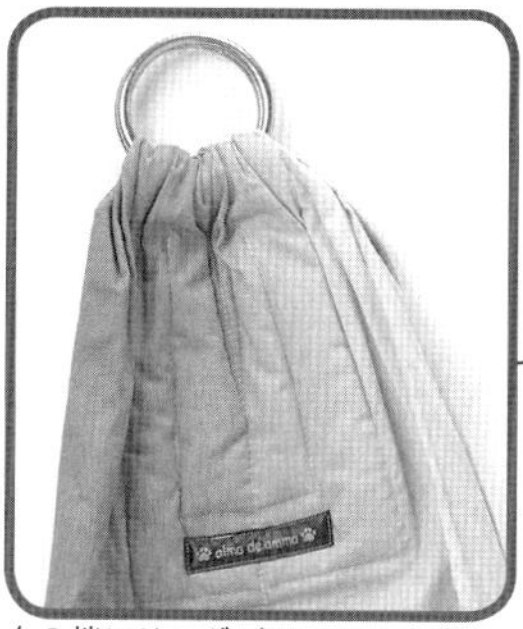

布の端にリングがついています。そのすぐ下は、肩パッドになっています。

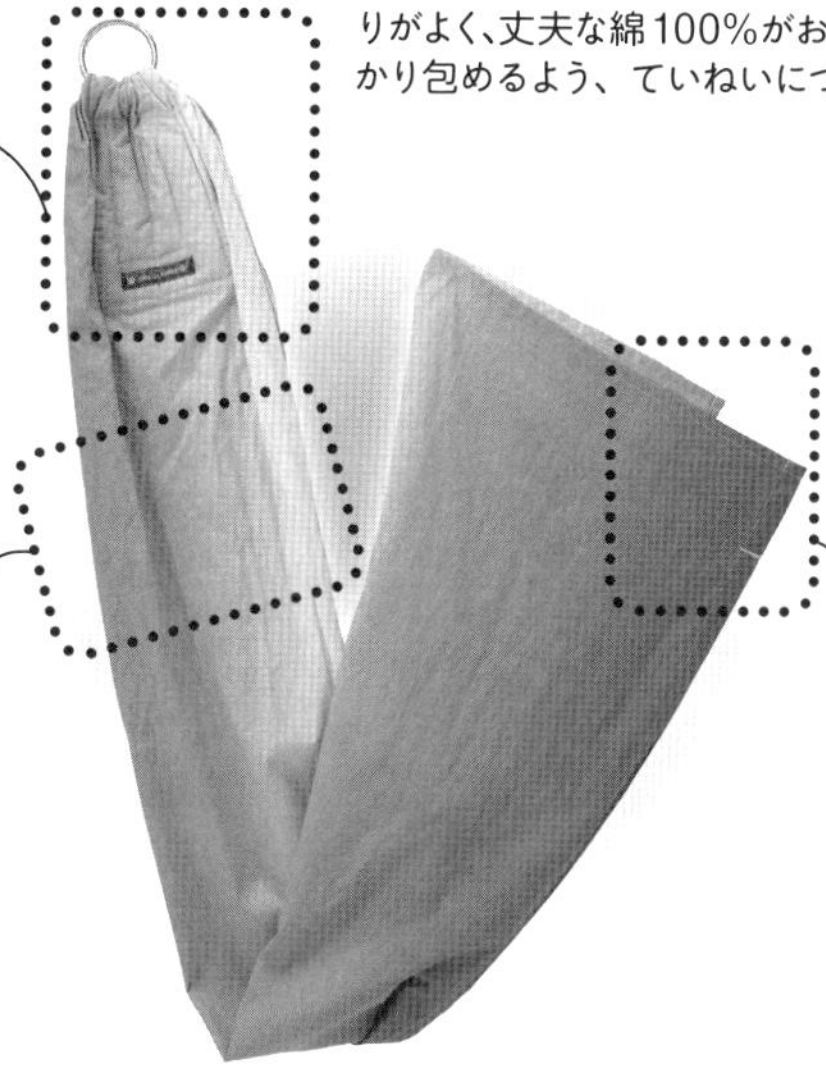

狙った部分の布を正しく締められるよう、布は縦にずっと同じ柄がくるようになっています。

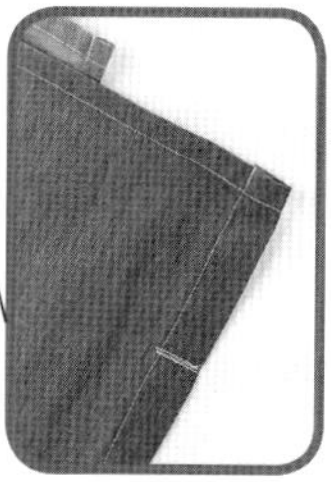

外側レールと内側レールの区別がつくよう、縫いしろ幅を変えてあります。

ミラーレッスン スリング装着時の名称

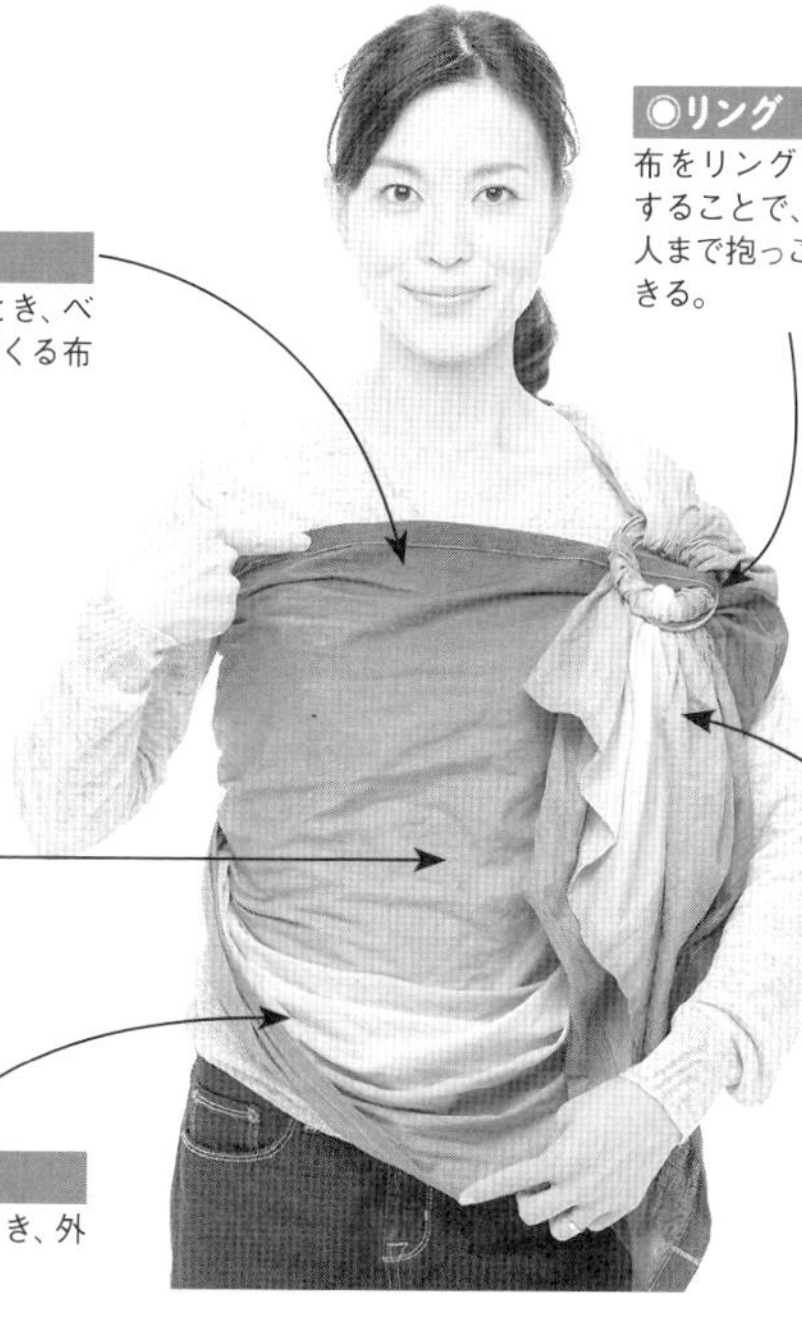

◎内側レール

ベビーを包んだとき、ベビーと自分の間にくる布の端。

◎リング

布をリングに通して調整することで、0歳児から大人まで抱っこすることができる。

◎ポーチ

ベビーを包む袋状のスペース。

◎外側レール

ベビーを包んだとき、外側にくる布の端。

◎テール

テールを引くことで布を引き締め、ベビーをしっかりホールドする。

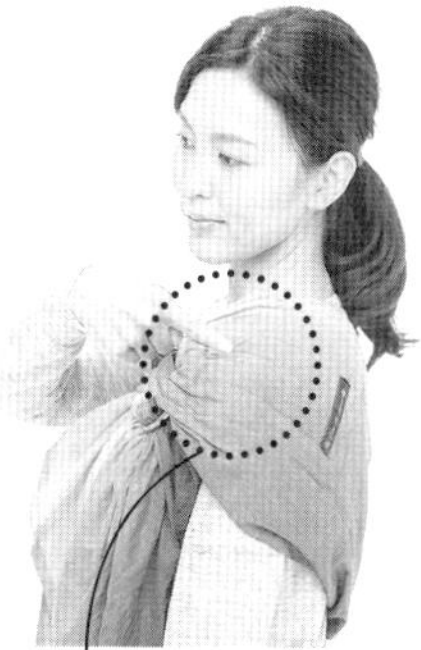

◎肩パッド

クッションが入っているので、肩にくいこまず、ママの負担になりません。

※アルマスリング®を使用して説明しています。

手順の流れ

本書では、スリング抱っこの基本である「カンガルー抱き」を紹介しています。「テールを通す」「バブリングをする」で準備をしてから、ベビーを包んで「テールを引く」という流れです。

丁寧に説明しているので手順が多く感じるかもしれませんが、慣れれば2〜3分でできますよ!

スリングの基本①
テールを通す
(52ページ)
→
スリングの基本②
バブリングをする
(53ページ)
→
スリングで抱っこ
カンガルー抱き
(56〜57ページ)
→
スリングの基本③
テールを引く
(54〜55ページ)

DVD
ミラーレッスン

スリングの基本① テールを通す

スリング抱っこの準備をします。まずはテールになる部分をリングに通しましょう。

1 リングと反対側、テール部分の両端を持つ。柄の表側を自分のほうに向けておく。

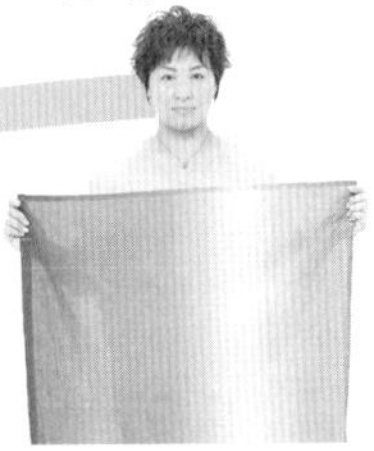

2 生地を扇子折りにしていく。ざっくりと大まかな感じでOK。

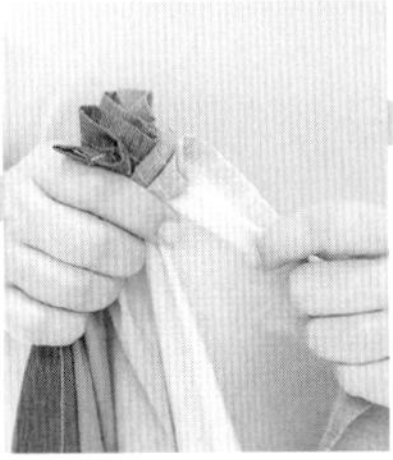

3 ポイントは両端がはっきりわかるようにすること。

4 折った端の生地をねじれないようにリングに通す。

5 女性の場合は写真のように手首から脇、男性の場合は手首からひじくらいまでリングから布を出す。

6 生地を折り返してリングとリングの間に通す。

7 利き手側に肩パッドがくるよう、肩にかける。このときリングから出したテールは裏地が出ている。輪の下がおへそくらいの高さにくるように調節する。

8 肩パッドは肩にかけるようなイメージで。

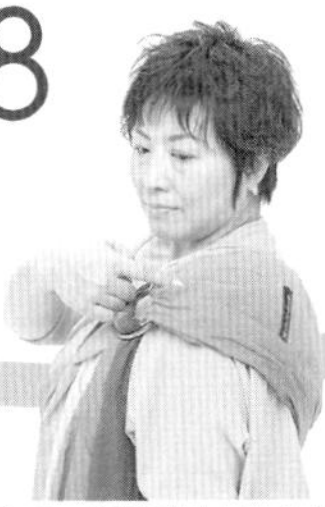

9 後ろ側の生地がねじれていないか確認する。

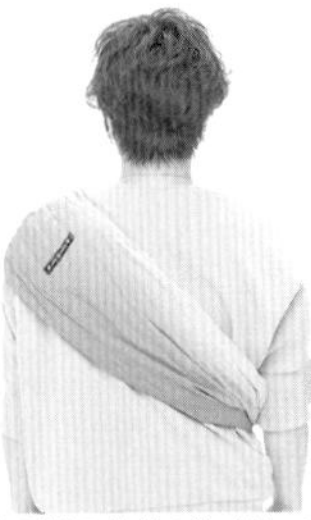

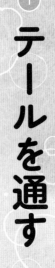

DVD ミラーレッスン

スリングの基本 2

バブリングをする

生地をしっかり引くための準備です。「生地が重ならないようにする」「生地を放射状に広げる」ことがポイント。とても大切な手順なので、ていねいに行いましょう。

1 右ページの要領でテールを通したら、いったん見やすいところまでリングを下げる。

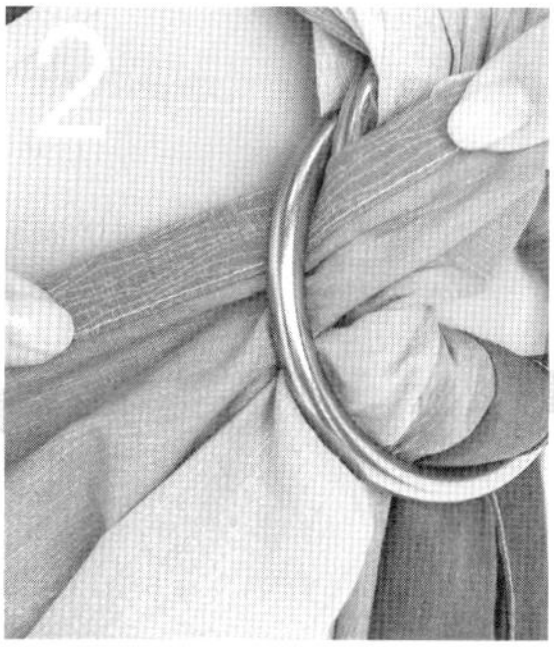

2 生地の端をリングの端に揃える。反対側も同じように。

3 生地がリング全体、放射状に広がっている。

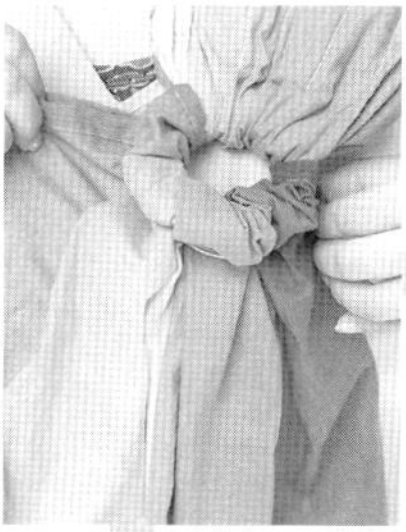

4 内側から外側に向けて、生地とリングの間に親指を通す。

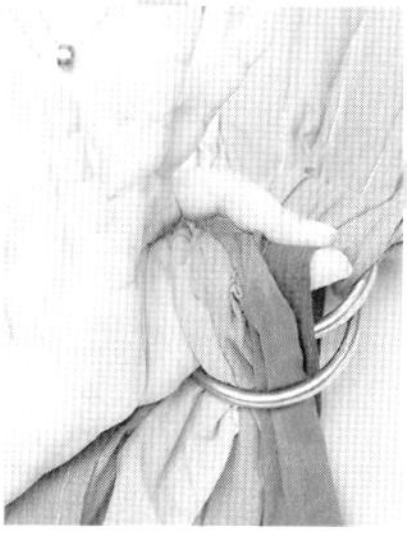

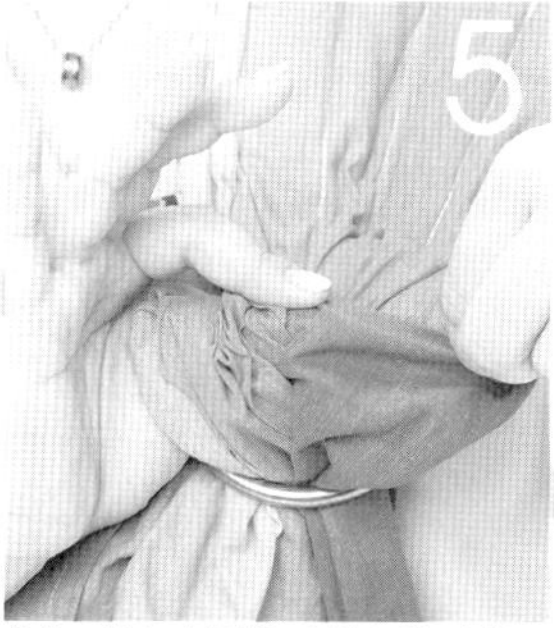

5 生地に通した親指、人差し指、中指でしっかり生地の外側の端を押さえ、反対の手でつまみながら、重なりを広げるように生地を横に横にと細かく出していく。

6 生地がシュシュのようにきれいに広がる。

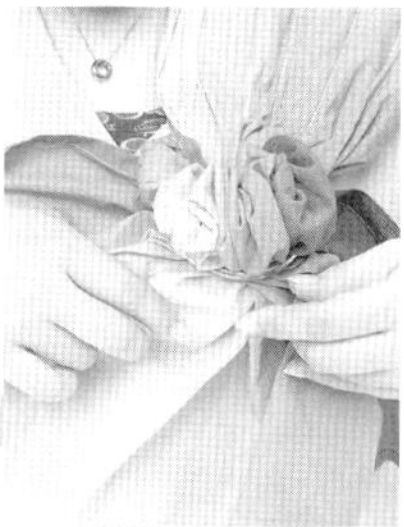

7 両端の生地をつまみ、真横に引く。

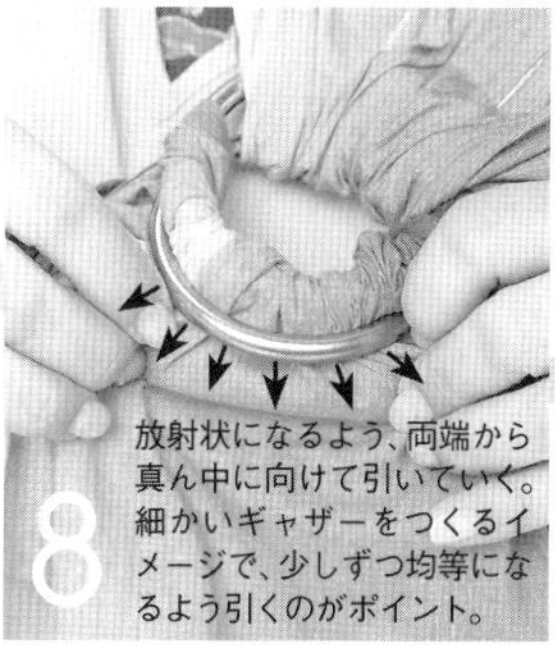

8 放射状になるよう、両端から真ん中に向けて引いていく。細かいギャザーをつくるイメージで、少しずつ均等になるよう引くのがポイント。

9 余分な生地が引かれ、生地がリングにそってきれいに締まっている。

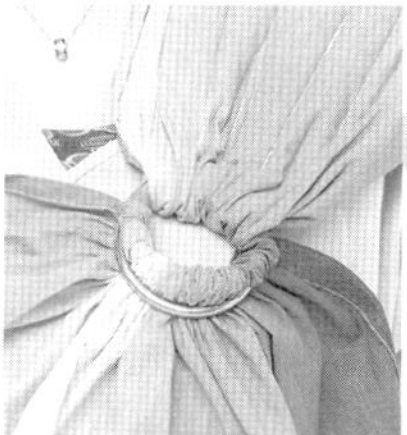

NG!

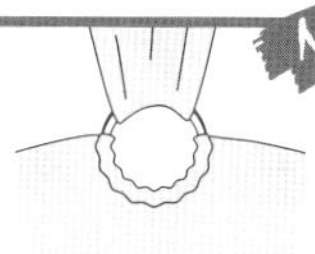

ギャザーがゆるく大きい。テールを引いたときに他の生地を巻き込みやすい。

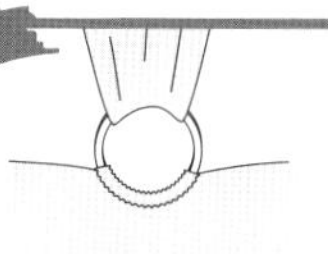

生地がリング下側にかたよっている。狙ったところの生地をうまく引けない。

OK!

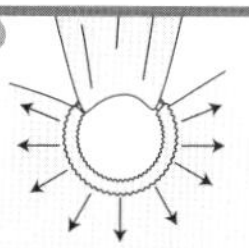

生地が細かいギャザーのようになり、リングいっぱいに放射状になっている。

リングの部分だけではなく、外側の生地もしっかり放射状に広げるようにしましょう。ていねいにバブリングすることで、「テールを引く」がスムーズになります。

DVD ミラーレッスン

スリングの基本 3

テールを引く

次ページのカンガルー抱きのステップの最後にテールを引きます。テールを引くのは6回。締めたい部分をねらって引きます。コツを覚えられるよう、ベビーのかわりにクッションなどを入れて練習してみましょう。

テールを引く順番

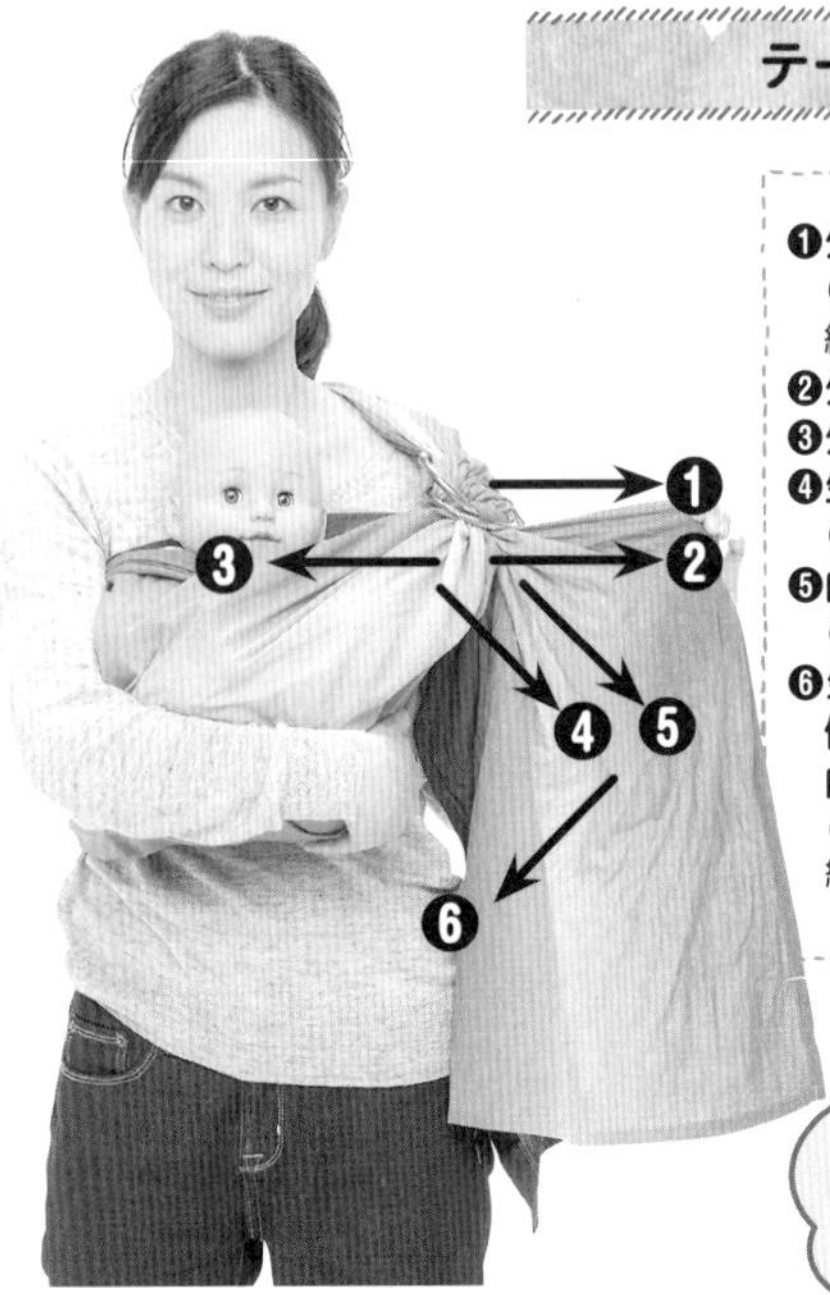

❶外側レールを外側・真横に引く
（❶～❸まではベビーの前面の生地を締める）
❷外側レールを外側・真横に引く
❸外側レールを内側・真横に引く
❹生地の真ん中を外側・斜め下に引く
（ベビーのお尻のあたりの生地を締める）
❺内側レールを外側・斜め下に引く
（ベビーの背面の生地を締める）
❻生地の真ん中より少し前のやや外側レールよりをつまみ、内側・斜め下に引く
（ベビーのひざの後ろあたりの生地を締める）

テールを引くときは必ずリング近くの生地をつかみ、親指と人差し指でつまむのがコツ。

1

56ページからのカンガルー抱きの21までのステップを終える。

2

外側レール生地のリングのすぐ近くを親指と人差し指でつまむ。

3 最初にベビーの前面の生地を締める。外側・真横に向けて引く（1回目）。止まるまで引く。

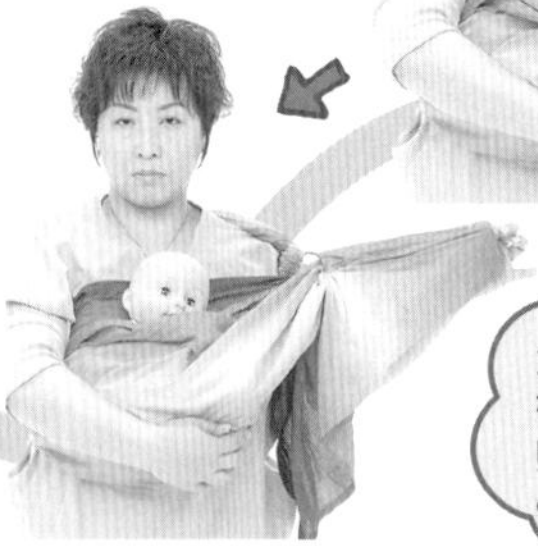

コツはテールを見ずに、ベビーの頭を見よう！

NG!

引く方向が下向きや前寄りになったり、自分の体が傾かないように注意する。

4

外側レール生地のリングに近い部分をもう一度つまむ。

テールはやさしく、ていねいに引きましょう。

5

同じように真横に止まるまで引く(2回目)。

6

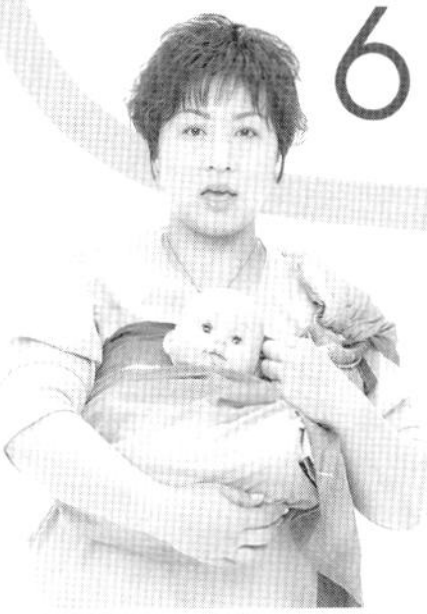

1～2回目と同じように、外側レールのリングに近い生地をつまむ。

7

リングを自分に引きつけるようなイメージで、内側・真横に止まるまで引く(3回目)。

8

次は生地の真ん中、ベビーのお尻のあたりの生地を締める。お尻のあたりと同色の生地のリングに近い部分をつまみ、外側・斜め下に止まるまで引く（4回目）。

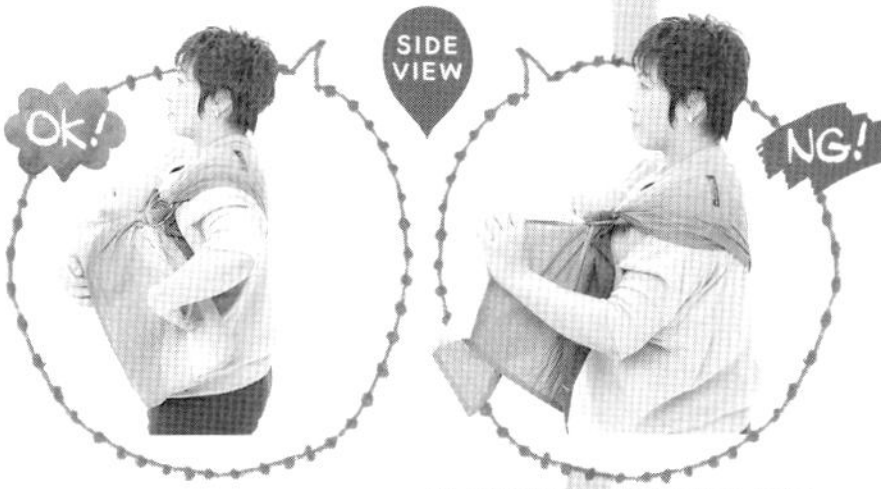

引く方向が前寄りにならないように。

9

内側レールを締める。内側レールのリングに近い生地をつまみ、外側・斜め下に引く(5回目)。ポーチの完成。ただし、つり下がっている。

10

生地の真ん中より少し前のやや外側レールよりの生地をつまみ、ベビーの体をささえたまま、内側・斜め下に止まるまで引く(6回目)。

コツを覚えてしまえば、数分で装着することができます。

11

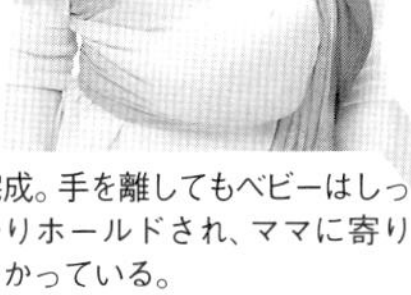

完成。手を離してもベビーはしっかりホールドされ、ママに寄りかかっている。

スリングで抱っこ

カンガルー抱き

DVD ミラーレッスン

お手本

カンガルー抱きは、ベビーが前向きになるスリング抱っこ。ベビーがスリングに包まれた姿は、まるでカンガルーの親子。見た目もかわいらしい抱き方です。

1

52～53ページの要領で、テールを通しバブリングをする。

2

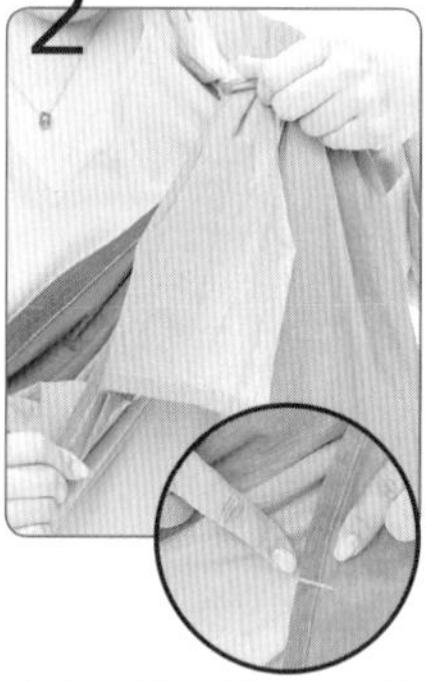

バブリングが終わったら、外側レールの生地をゆるめる。生地の端から約10㎝のところにある「縫い目の印」くらいまで。

POINT

ゆるめる

ロックする

テールをゆるめるときは、リングを持ち上げ、ゆるめたい生地を引っ張る（写真上）。リングを縦に戻すとロックがかかり動かなくなる（写真下）。

3

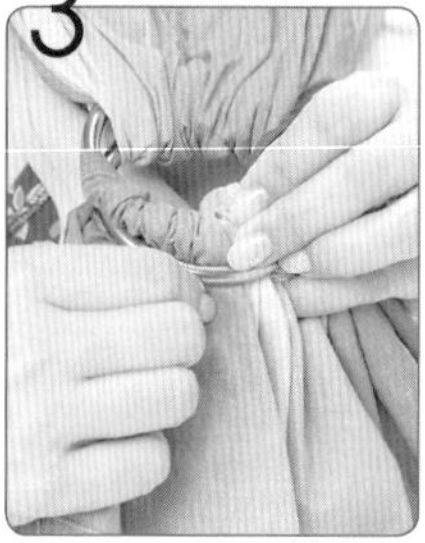

リング部分の生地が乱れるので、もう一度53ページの要領でていねいにバブリングをする。

4

バブリング完成。浮いていた生地が締まり、リングにぴったりとくっついている状態。

5

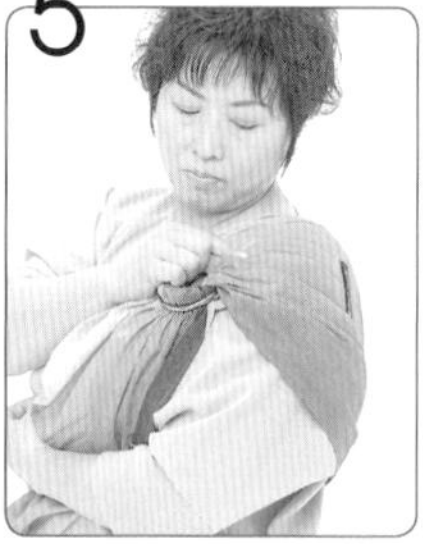

肩パッドが下がっているので、肩パッドの位置を1の状態に戻す。

6

肩パッドを反対側の手でしっかり押さえながら、内側の生地を背中から巻いていく。

7

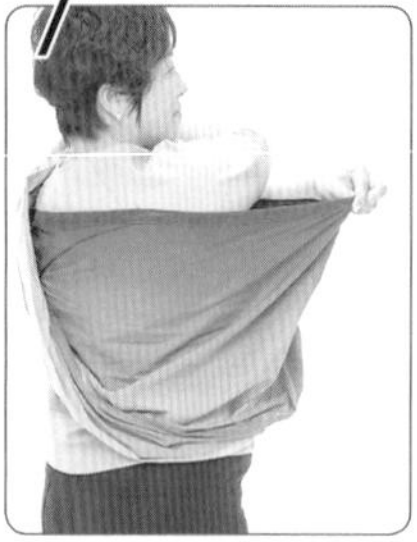

背中から脇下を通り、鎖骨まで、生地を体に巻きつけるようにする。

8

生地の上辺が同じ高さになっていることがポイント。

9

体に巻きつけた生地をリングの下側に通す。リングを上から押さえながら行う。

10

次に内側レールの生地をつまみ、少しずつ真横に引いて内側レールの緩みをなくす。

11

ポーチの中のしわを伸ばし、ベビーの入るスペースをつくる。

12

生地の真ん中が自分のおへそのあたり、内側レールは鎖骨のあたりにきていることを確認する。

次からいよいよ、
ベビーを包んで
いきますよ！

13

ベビーを脇の下でささえ、ベビーの頭を自分のデコルテの高さに持ってくる。

14

ベビーの体を自分にあずけるようにし、太ももをM字開脚にしながら位置を決める。ベビーは気持ちよい位置にくると、力が抜けてやわらかくなる。

ベビーをささえ
る手は押さえつ
けないように、
やさしくね！

15

正面の生地の外側（下の部分）をつまみ、生地の真ん中（自分のおへそのあたり）までくしゅくしゅとにぎる。

16

たたんだ生地を少しずつ出してお尻にあて、そこからベビーの首元に向かって包んでいく。

17

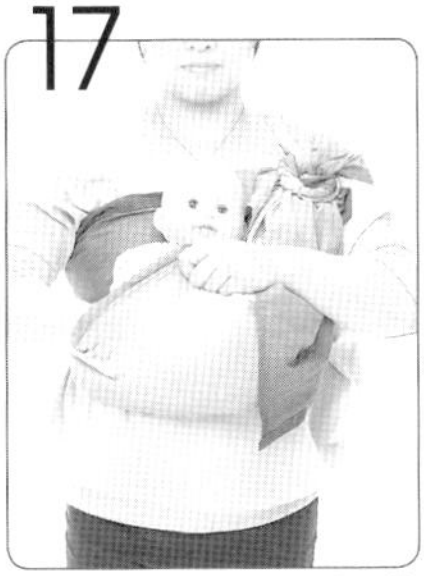

お尻をささえていた手を抜き、脇の下あたりから外側レールの生地をまとめる。

18

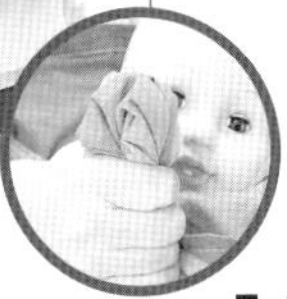

まとめた生地を正面に持ってくる。

19

ベビーの位置を整える。

20

ベビーを抱きしめ直す。

基本① 包む P22

21

頭はデコルテの高さになっているか、ベビーが自分に体をあずけられているかを確認。

22

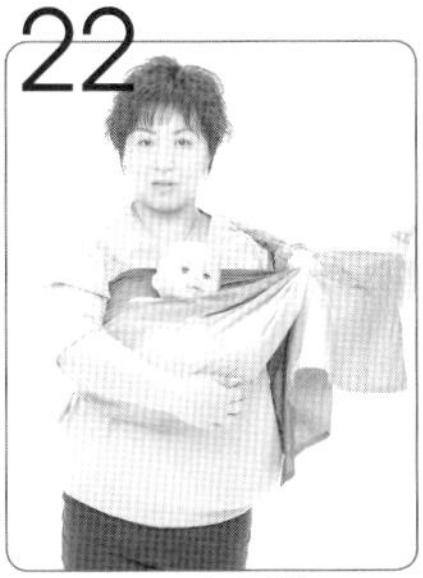

54～55ページの要領で、テールを引いていく。

23

テールを引いたら完成。あまったテールはまとめて内側に隠してもよい。

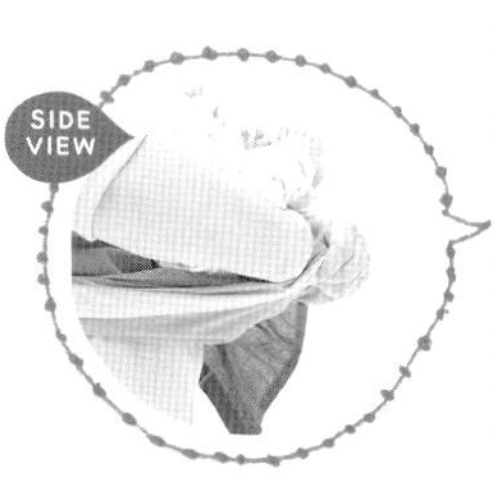
SIDE VIEW

災害時にわが子を守る！

「いざ」というときのママの心得

私は「まぁるい抱っこ」などの講座を行うかたわら、国際救命救急災害レスキューナースとして国内外で活動しています。東日本大震災や熊本地震をはじめ、さまざまな被災地を目の当たりにした経験から、いつ起こるかわからない地震などの災害時に、大切な家族を守るためのポイントを紹介します。

心得1 ベビーカーは使えない

まず、災害時に「ベビーカーは使えない」と考えてください。

建物が倒壊する、道路が通行止めになるなど、通常の状態ではありません。ベビーカーでは移動が難しく、迅速な行動ができません。エレベーターも止まってしまうため、建物内でも抱っこでの階段移動が必要です。

心得2 災害時には「まぁるい抱っこ」

災害時はベビーカーが使えないので、乳幼児の場合は抱っこでの移動が基本。そのため、適確な抱っこができていないと迅速に避難することができません。また、避難所などでずーっと抱っこをしていると、ママもベビーも疲弊しがち。避難所で腱しょう炎になったり、肩こりや腰痛になったりするというママも多いのです。

ベビーが安心して身をゆだねられ、ママの負担を最小限にするのが「まぁるい抱っこ」です。手のひらで押さえつけないので、腱しょう炎の心配もありません。

心得3 スキンシップで心を整える

被災地では、大人も不安でパニック状態になっています。私はそんな方たちを抱きしめたり、抱っこすることがあります。そうすると、多少落ち着いて状況判断ができるようになるのです。

大人でさえ不安なのですから、子どもはなおさら情緒不安定になりがち。災害時こそ、わが子へのたくさんのスキンシップを忘れないようにしてください。

心得
4

5つのグッズで災害に備える

災害時に必要なものは人それぞれですが、ここではどなたにも役立つ、5つのグッズを紹介したいと思います。まずは、ホイッスル。万が一、閉じ込められたときに有用です。災害時は普段目印にしているものがなくなるので方位磁石は欠かせませんし、停電時にライトは必須、ハサミは調理の際に包丁の代わりにもなります。そして、あると重宝するのがアルミシート。地面に引けばどこでも横になることができますし、地面との間に1枚引いておくことで体温の低下も防げます。

心得
5

災害時に役立つスリング

災害時に、ベビーを抱っこしながら両手が使えると助かります。スリングでの抱っこなら両手がフリー。たとえば3人の子どもがいる場合、小さな子をスリングで、もう一人を素手で抱っこ、もう一人は手をつないで避難することができます。

また、対象を選ばず使うことができるので、大人やペットを救助するときにも役立ちます。もちろん、水や荷物などを運ぶことも可能。寒いときのブランケットとしても使えます。スリング自体がかさばらないのもポイントです。

心得
6

想像だけではなく実際にやってみる

みなさんは自宅からいちばん近い避難所の場所を知っていますか？ 「もちろん知っている」という人が多いでしょう。でも、知っているのと実際に避難してみるのでは大違い。「子どもを抱っこし、非常持出袋を持って避難所に行く」ことを実際にやってみてください。これが迅速にできなければ意味がありません。

また、「防災ナイト」と称して家族でガスや電気を使わない練習をしてみるのもおすすめです。ろうそくの明かりや缶詰を使った調理を実際に体験することで、生きる力が身につきます。

災害時に心がけたい よ・い・こ

よ　よく見る
周りの状況を冷静に見る

い　いそいで避難
安全な場所にできるだけすばやく移動する

こ　声をかける
周りの人へ臨機応変に声かけを！

出会えてよかった！

抱っこは親子の大切なコミュニケーションです！

横山 多摩姫さん
竣大くん（2歳）

私が「まぁるい抱っこ」を習ったのは、息子が1歳半のとき。卒乳後にうまくコミュニケーションがとれていないと悩んでいた頃でした。驚いたのは、抱っこで息子がとても軽く感じられたこと、そして、驚くほどの密着感です。「まぁるい抱っこ」で、子どもとの向き合い方も変わりました。

息子はもうすぐ3歳。歩けるようになった子にとって、抱っこは単なる移動手段ではなく、親と子の大切なコミュニケーションだと感じています。

まぁるい抱っこで子育てが百八十度変わります！

高橋 清子さん
成実ちゃん（1歳6ヵ月）

生後3ヵ月の頃の娘は、まったく寝ずに一日中泣いてばかり。心身ともに追いつめられ、助産師さんのすすめで「まぁるい抱っこ」の講座に参加しました。自分の抱っこを撮影してみると、いかにベビーを「持ち上げていたか」がわかりました。本当の抱っこは、ベビーの心も包み込むものなんだと実感しました。

それまでいくら本を読んでもうまくいかなかった育児でしたが、霧が晴れたような思いでした。いまでは心に余裕ができて、子育てを楽しんでいます。

わが家では「魔法の抱っこ」と呼んでいます！

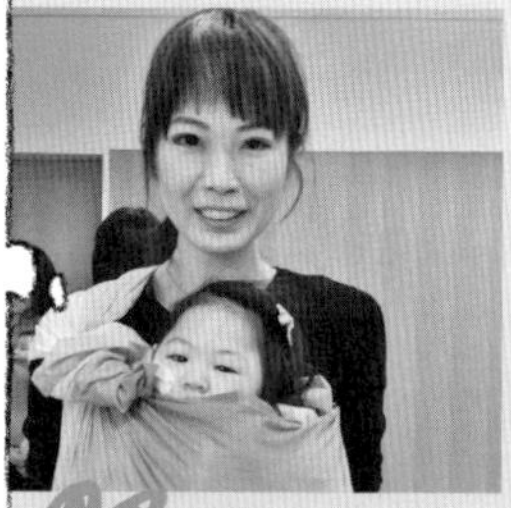

藤井 智代さん
涼緒奈ちゃん（6ヵ月）

次女の涼緒奈には、痙《けい》性《せい》四《し》肢《し》麻《ま》痺《ひ》という重度障害があります。ショックだったのは、障害よりも「コミュニケーションをとることが難しい」といわれたこと。反り返りも強くて、まともに抱っこができない状態でした。

「まぁるい抱っこ」に出会ったとき、こんなにも密着して、力が抜けて、リラックスしているわが子に涙が止まりませんでした。先生には「涼緒奈ちゃんは体や肌を使って一生懸命話そうとしているよ」といわれ、本当にそうだと感じました。

体験者の声

「まぁるい抱っこ」に

心から納得できるスキルに出会えました！

千野 ありささん
創くん(5歳)・めぐりちゃん(2歳)

最初は、スリングをうまく使いたくて講座に参加しました。それまではなかなかうまくいかなかったのですが、先生のスリングのスキルや考え方に心から納得！「抱っこもスリングも絶対にうまくできる母になろう！」と決意しました。「ママのためではなく、ベビーのために活動している」という先生の言葉や、育児への考え方も心に響きました。

いまでは2歳の娘を抱っこしながら、5歳の息子をラクラク抱っこすることもできるようになっています。

抱っこでわが子の反応が変わりました！

島田 裕香さん
誠一朗くん(2歳)

息子が泣いてばかりで、ずーっと抱っこ。手指は腱しょう炎、背中も肩もバキバキで、心身ともにつらい状態でした。3ヵ月の頃「まぁるい抱っこ」に出会いました。最初にスリングを習いましたが、あんなに泣いていた息子が一瞬ですやすや寝てしまったのにはびっくり。息子の反応を見て「まぁるい抱っこ」は絶対にいいものだと確信しました。

いま息子は13kgですが、3kgだった頃より抱っこが楽！「まぁるい抱っこ」に出会えて、本当によかったです。

抱っこのおかげで娘への愛情が増しました！

増田 奈美さん
百華ちゃん(1歳5ヵ月)

夜泣きに悩まされ、抱っこをつらく感じていたとき「まぁるい抱っこ」に出会いました。抱っこやスリングがうまくできるようになると、あんなにつらかった子育てが嘘のように、いまは娘と一緒にいるだけで「抱っこしたい」という気持ちがあふれてきます。

「ベビーと人として接する」という姿勢にも感銘を受けました。私は小学校の教員をしていますが「小さな子にも意思や感情がある」ということを教えてもらい、子どもたちとの接し方も変わりました。

おわりに

積み重ねた愛情が未来への架け橋になる

小さなベビーの子育ての真っ最中にいるママたち。

日々の忙しさに追われ、目の前のことしか見えなくて、その先にある未来が見えなくなっている人もいるでしょう。

私にも2人の息子がいます。長男が2歳半のときに次男が生まれましたが、その頃同居していた舅は胃ガンの末期、姑はアルツハイマーとパーキンソン併発の認知症で、子育てをしながら自宅での完全介護。そんなときに、いまでも悔やんでいる経験をしたのです。

当時の私は舅と姑、そして生まれたばかりの次男のことにかかりきり。2歳半の長男には「お兄ちゃんだから1人で大丈夫でしょ」と言い、「2歳半の子に抱っこは必要ない」と本気で思っていたのです。「何かあったら呼ぶんだよ」。そうやって2歳半の子どもを突き放していました。そんなある日、次男が血を出していると長男が呼びにきました。私は「お兄ちゃんなのに何で面倒見てないの！」と激怒。しかし、目線を子どもに合わせてしゃがむと、なんと出血していたのは長男でした。自分で爪をかんで私に信号を送っていたのです。

私は出血していた息子に、心を込めて泣きながら謝り、抱かせてほしいとお願いをしたのです。抱っこをさせて

くれた長男はこう言いました。「ぼく、まってたよ」。そのとき、私は子どもに甘えていたんだと思い知らされました。自分が忙しいことを言い訳に、２歳半の子どもにこんな思いをさせてしまったんだと……。２歳半の子どもは、私が思うより小さくてやわらかくて、そしてあたたかい存在でした。

　その自戒の意味も込めて、ママたちをお手伝いしている現在があるのです。

　中学生になった息子たちはもう抱っこをさせてくれません。「もっともっと抱っこしておけばよかった」と、いまは心から思います。そして、まだまだわが子をたくさん抱っこできるみなさんをうらやましく思います。

　今日は明日に、明日は確実に未来につながっています。みなさんが積み重ねた日々の愛情が、子どもの未来への架け橋となるのです。今日という日を大切に、たくさんの幸せな「まぁるい抱っこ」をしてくださいね。

　最後に、本書の刊行に関わってくださったすべての方に感謝の気持ちをお伝えします。

　本にすることをすすめてくださったジャーナリストの中森勇人さん。「ぜひやりましょう！」と言ってくださった講談社アミューズメント編集チーム部長の高附厚さん。お忙しい中監修を引き受けてくださった狩野正嗣先生。私の伝えたいことを丁寧にまとめてくださった山崎潤子さん、大川朋子さん、奥山典幸さん。素敵なデザインに仕上げてくださった有朋社の青嶋理恵さん、新村実さん。かわいいベビーを書いてくださったイラストレーターの藍川みゑさん。初めての撮影で緊張している中、きれいに撮影してくださったカメラマンの齋藤浩さん、動画撮影の森京子さん、杉山和行さん、演出の原田稔也さん、浦西優美子さん、ヘアメイクの中本太さん、モデルを心よく引き受けてくれた夏花さんファミリー。動画に出演してくださったベビー、ママ、パパたち。

　これまで講座にお越しいただいたベビー、そのママとパパたち。そして、私の大切な家族。数えきれないほど多くの方々に御礼を申し上げます。

２０１６年９月

辻直美

著者
辻 直美（つじ・なおみ）

正看護師。社団法人 育母塾代表。吹田市民病院（整形外科、内科、産婦人科、救急）に勤務の後、大阪府より任命され 2 年間、上海での医療提供活動に従事。帰国後、聖路加国際病院救命救急センターに勤務。当時、地下鉄サリン事件の救急救命にあたる。その後、国際救命救急災害レスキューナースとして、東日本大震災、御嶽山噴火災害、広島土砂災害、熊本地震などの被災地で救命活動、被災者の心のケアに従事する。
看護師として働く傍ら、自身の育児と同居の舅・姑の介護をきっかけにスリングと出会い商品化。現在は、ベビーの抱き方、親としての在り方、災害時の対応の仕方など、育児に関するさまざまな講演会や講座を全国で開催している。
公式ブログ
http://ameblo.jp/slinglife-love-nao/
まぁるい抱っこチャンネル
https://www.youtube.com/channel/UCil_
B7iBClGvDBI346dRBMA
インスタグラム
@tsuji_naomi

監修
狩野正嗣（かりの・まさつぐ）

医療法人社団かりの小児科院長。愛媛大学医学部を卒業後、京都大学医学部附属病院小児科に入局。その後、市立舞鶴市民病院、公立甲賀病院、独立行政法人国立病院機構姫路医療センターの勤務を経て開業。

〈書籍制作〉
撮影：斎藤 浩（本社写真部）
デザイン：株式会社有朋社
青嶋理恵
モデル：上紙夏花
ますもとたくや
げん
じょう
ヘア＆メイク：中本 太
イラスト：藍川みゑ
構成：山崎潤子
編集協力：奥山典幸

〈DVD 制作〉
撮影：森 京子
杉山和行
映像編集・録音：森 京子
演出：原田稔也
演出補：浦西優美子
デザイン：株式会社有朋社
ヘア＆メイク：中本 太
モデル：上紙夏花
ますもとたくや
げん
じょう
協力：秋山陽佳さん
蓮くん
池田由香里さん
凪ちゃん
石黒知佳さん
心路くん
岩田利沙さん
咲良ちゃん
金箱愛さん
美咲ちゃん
紀岡清恵さん
あやみちゃん
木村正仁さん
香澄さん
一仁くん
千野ありささん
中尾創くん
めぐりちゃん
西内優子さん
結香ちゃん
二神沙耶香さん
碧仁くん
前田亜由美さん
糸ちゃん
増田恵さん
咲良ちゃん
柳沢美枝子さん
栞ちゃん
山田康博さん
恵理子さん
栞子ちゃん

DVD付《つ》き　どんなに泣《な》いている子《こ》でも 3秒《びょう》で泣《な》き止《や》み 3分《ぷん》で寝《ね》る まぁるい抱《だ》っこ

2016 年 10 月 15 日　第 1 刷発行
2023 年　5 月　2 日　第 6 刷発行

著　者　辻《つじ》直美《なおみ》
監　修　狩野《かりの》正嗣《まさつぐ》
発行者　森田浩章
発行所　株式会社講談社
〒 112-8001 東京都文京区音羽 2-12-21
電話　出版 03（5395）3474
販売 03（5395）3608
業務 03（5395）3615
印　刷　大日本印刷株式会社
製本所　大口製本印刷株式会社

　ISBN978-4-06-220209-1